JN221457

引き出し1つから始める

1日1か所断捨離

やましたひでこ

大和書房

「断捨離しなきゃ」と
頭じゃわかっているけれど
断捨離できない！
どうしたらいいの！

忙しくてできない

大量でどこから
手をつけたらいいか
わからない

どうせ私にはムリ

子ども時代、親から
教えてもらったことがない

リバウンドしちゃったら
どうしよう

大丈夫。
もっとカンタンにできる！
やったらできた！
だから続く。

今日からできる

大量でもできる

誰でもできる

やり方を知ればできる
（やましたひでこも
親から教わっていない）

リバウンドは……
してもいい！

断捨離とは

断

なだれ込むモノを「断」つ

捨

ガラクタを「捨」てる

離

「断」と「捨」を繰り返し、
モノへの執着から「離」れていく

断捨離とは、心の執着を手放すためのヨガの
行法哲学「断行・捨行・離行」から着想を得た、
住まいと心の片づけ学です。

ごきげんさまです。
断捨離の
やましたひでこです。

はじめに

断捨離をお伝えし始めて20年。最初の書籍『新・片づけ術　断捨離』を刊行してから15年。おかげさまでテレビやラジオ、雑誌でも取り上げていただき、書籍は15言語以上に翻訳出版され、現在、国内外で累計700万部となっています。
いまや巷《ちまた》に「断捨離のノウハウ」は溢れているものの、私が出向くところ、出会う方々から以下のような言葉が飛び出します。

「できない」
「わからない」
「動けない」

「まずは目の前のモノ1つからですよ」と繰り返しお伝えしてはいるのですが、どれが「目の前のモノ」なのかもわからない。「今日こそは」と思っているのに動けない。先送りして、見て見ぬふりをして、やり過ごす。それによってイライラ、モヤモヤ、ウツウツ……という状況に陥っている方が少なくありません。

そこで、より懇切丁寧にみなさんにお伝えしなくてはと奮い立ち、ペンをとりました。
その名も「引き出し1つから始める 1日1か所 断捨離」。
これは、「空間（トコロ）」と「時間」を味方につけることで自分自身を動かしていく断捨離です。

まず**引き出しという「空間」**。

ここはパッと俯瞰《ふかん》できる限定空間であり、ごく身近な収納場所です。引き出しは閉じてしまえば、中は見えません。ゆえに、開けたらびっくりの混沌空間になりがちです。

誰しも物事に対して自分が扱えるキャパシティーがあります。引き出しは、それをわかりやすく可視化してくれます。

調理器具がオブジェになる
キッチンの引き出しがこんな
「景色」だったら、前向きなエ
ネルギーが湧いてきませんか？

この引き出しでキャパオーバーしている人の多いこと！　自分はどのくらいキャパがあるのか、それを見極める手段としても引き出しを活用していただくことは有効です。

また「引き出しの断捨離」は、手をつけやすく、比較的短時間でできるわりに、断捨離後のカタルシス効果が大きいのも特徴です。なぜ引き出しの断捨離をすると、心までスッキリするのか――。

その秘密を序章に記しました。具体的な「引き出しの断捨離」のポイントは、第1章をご覧ください。

そして、**「1日1か所」という「時間」と「空間」の制限。**

断捨離は一度したら終わりでなく、日々のお手入れです。よっこらしょと重い腰を上げて取り組むのでなく、なるべくスムーズに生活の中に組み込んでいくのがベストです。

そこで本書では、具体的に「この時間に、この空間の断捨離をしましょう」と提案しています。ポイントは、朝起きてから夜寝るまでに「ああ、気持ちいい」と感じる瞬間をつくること。この気持ちよさを五感で味わうことが次なる断捨離へと駆り立てます。
第2章では「出かける前にできる断捨離」を、第3章では「寝る前にできる断捨離」を紹介しています。
「出かける前」と「寝る前」なんて慌ただしい！とお思いかもしれません。ただ、あえて限られた時間を設定することで、わざわざ休日に、休息返上で長時間、取り組む必要がなくなります。

断捨離は「そのつど」が基本。

「まとめ断捨離」をすると、かえって大変になります。まとめず、そのつど、何かのついでにできる断捨離をたくさん提案していますので、ぜひ参考になさってください。

モノが減ると、もっと断捨離したくなる

もしあなたが「できない」「わからない」「動けない」と二の足を踏んでいるとしたら、

ぜひ本書のトレーニングに沿って手を動かしてみてください。

その1か所を断捨離することで、1つ新たな視点を得ることができます。

それはあなたのステージが1つ上がったということ。大げさだと思うかもしれませんが、行動すると「やったらできた」「やったらわかった」を実感することができますよ。

もちろんご自身のスタイルに合わないと思ったら、自由にアレンジしていただいてかまいません。あくまで、目指しているのはカンタン（簡単・感嘆）断捨離なのですから！


さらにもう1つ。本書は、大手クリーニング会社に従事して35年の、「ピカピカの魔術師」こと大澤ゆう子断捨離トレーナーによるお掃除ポイントも随所で解説しています。


繰り返しになりますが、断捨離とはお手入れです。断捨離とは「モノの断捨離」と「汚れの断捨離」がセット。

モノが減ると、お手入れしたくなる。

お手入れすると、もっと断捨離したくなる。

このループに一刻も早く突入するために――。

さあ、1日1か所、
今日はどこから
始めますか？

『引き出し1つから始める 1日1か所 断捨離』もくじ

序章

引き出しを断捨離すると、なぜ心までスッキリするのか

第1章 まずやってみる！

引き出しの断捨離

引き出し1つから、新しい自分になろう

第2章

出かける前にできる！

1日1か所断捨離

気持ちいい
1日が始まる
愉しさが
ずっと続く

第3章 寝る前にできる！ 1日1か所 断捨離

始末して
今日を終える
すがすがしい
明日が始まる

ポイントは小さな1か所！家の中にある不要なモノ・全リスト

玄関

の1か所

- □コートハンガーに1年中掛かっている上着
- □靴箱の上の季節外れの飾り品
- □遊び道具、スポーツ用品、キャンプ用具
- □玄関スリッパ＆スリッパ置き
- □手入れ知らずの玄関マット
- □家族の数をはるかに超えた傘＆傘立て
- □三和土に景色として存在する靴
- □靴箱にあるテンションの上がらない靴

リビング

の1か所

- □洋服、バッグ、教科書などの家族の私物
- □ソファの上に山をつくる洗濯物
- □山が高くなっていく新聞・雑誌
- □役目を終えた郵便物と配布プリント
- □打ち捨てられた観葉植物
- □壁を覆い尽くしている絵、ポスター、写真
- □ホコリのかぶった開運グッズ
- □憩いの空間を圧迫するソファセット
- □モノが増えるにつれて買い足した収納家具・ラック
- □ダイニングテーブルの上に常駐する調味料セット

キッチン

の1か所

- □キッチンを狭くしている床置きのモノ
- □作業台を狭くしている水切りかご
- □使うチャンスのないキッチン家電
- □山積みになっている鍋・フライパン
- □家族の人数分以上にある箸・カトラリー
- □「いつか」のためにとってあるタッパー
- □自己肯定感の上がらない食器
- □消費期限切れ・賞味期限切れの食材
- □食べられるけれど食べたくない食材
- □冷凍庫に溜まっていく保冷剤
- □「多いほど善」と買い込んだ食品庫の食品
- □見栄えのよくない布巾・雑巾

トイレ
の1か所

- □ 手入れの邪魔をする便座マット&カバー
- □ 汚れの温床になる脚マット
- □ 手入れする発想のないトイレスリッパ
- □ 後始末がやっかいなトイレブラシ
- □ 収納を圧迫するトイレットペーパーストック

洗面所
の1か所

- □ 使い切らずに放置されたメイク・スキンケア道具
- □ いつもらったか思い出せない試供品
- □ ごわごわしたバスタオル、フェイスタオル
- □ 「襟用」「袖口用」などほぼ出番のない洗剤
- □ 必要以上に待機する洗濯ネット

浴室
の1か所

- □ 一生立てかけてある浴槽のふた
- □ 使うチャンスのない洗面器
- □ 黒ずんだお風呂のイス
- □ からになったシャンプーボトル
- □ 放置されたカミソリ・軽石・マッサージ用具
- □ 浴室をかえって不潔にする掃除道具

書斎
の1か所

- □ 書斎机の上にある「現在進行形でないモノ」
- □ 引っ越し時のまま積み上がったダンボール
- □ 永遠に使いきれない文房具ストック
- □ 本棚でホコリをかぶっている「縁の終えた本」

寝室
の1か所

- □ 枕元に落ちてきそうな壁の絵画
- □ ベッドに隣接した大型家具
- □ うらぶれたふとん
- □ すり切れたシーツやカバー
- □ 窓からの光を遮る洗濯物

クローゼット
の1か所

- □ 着る気になれない服、テンションの上がらない服
- □ パーティードレスなど着る機会のない服
- □ くたっとした下着やタイツ
- □ テンションの上がらないバッグ
- □ 商品を出した後の空箱
- □ 増殖するクリーニング店のハンガー
- □ クローゼット内を圧迫する収納ラックやケース
- □ 使用期限切れの乾燥剤

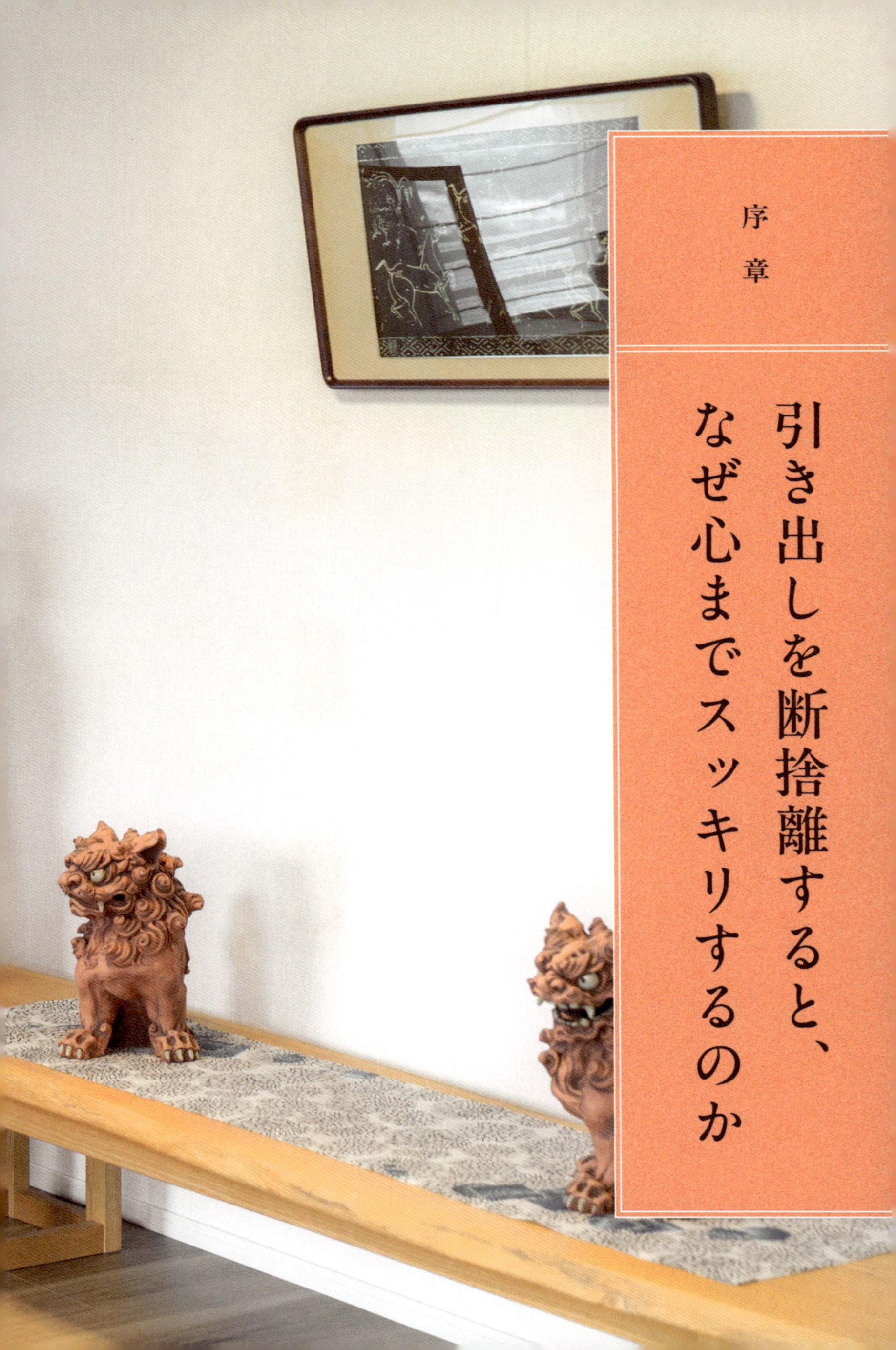

序章

引き出しを断捨離すると、なぜ心までスッキリするのか

うっとりする空間と時間

住空間と身体空間は１つ、というのが
断捨離の考え方。モノが減ると、心も
身体ものびのび自由になりますよ。

買ってきたモノを突っ込むだけ——引き出しはゴミ箱である

今、あなたの部屋の引き出しを1つ、開けてみてください。引き出しの中はどうなっているでしょうか。

「ああ、まるでゴミ箱だ」と天を仰がれた方もいるのでは。

モノは使ってこそ存在価値があります。モノの要・不要を問うことなく、その判断を保留したモノがそこに「ただある」のだとしたら、もはやゴミ。そう、引き出しの運命はゴミ箱と化すことなのです。

なぜゴミ箱になってしまうのでしょうか。

たとえば、お店で商品サンプルをもらったとき。自分ではゴミと認識していません。そこで引き出しに収めます。ところが結局、使うことはなく、いずれ何らかのタイミングで

ポンポン放り込んでいったあげく…

引き出しはパンパンになり、「あれっ、開かない」。力まかせに開けてみると、いつもらったか不明なガラクタばかり。

捨てることになります。

こうした、いずれゴミとして出さなければならないモノを、ゴミ箱やゴミ捨て場に持っていくことなく、ワンクッション置いてしまう——そのワンクッションが引き出しです。かつ、そのワンクッションは次のアクションへとつながらず、放置されたモノが堆積してしまうので「今はいらない、使わない」という判断をしつつも、ゴミ箱に直行することはありません。やはり使えるモノを無下に扱うことは忍びないもの。むしろ、パッと捨てられる人のほうが少ないでしょう。

そのワンクッションに対して、「今、私はワンクッション置いた」と自覚していればいいのですが、全く無自覚な人も少なくないのです。この意識の差はとても大きいのです。

私にもこんな経験が数多くあります。あるとき、トマトをたくさんいただきました。一度に食べきれないため、「いつかパスタソースでも作ろう」と湯むきして冷凍庫に保存します。そうすることで、なんだか賢い主婦になった気もします。

ところが結局、トマトは手つかずのまま放置され、霜だらけに。どうにもならず、半年ほど冷凍したトマトは捨てることになりました。

つまり、わざわざ捨てるために、ワンクッションもツークッションもスリークッションも置いたということ。「トマトを湯むきしてパスタソースを作ろう」と考えるのですが、それは幻想であり期待です。結果として、湯むきする熱量、手間、時間というコストを払ったわけですが、最初の段階でその計算はできません。

このように、新しいモノをゴミ箱に捨てられないため、いわば引き出しに捨てているのが私たちなのです。

引き出しを断捨離すると、後ろめたさから解放される

なぜ私たちはワンクッション置いてしまうのか。

その深層心理を見てみましょう。


引き出しの一番の弊害は、中を見えなくしていることです。モノを突っ込んで、閉めて隠してしまう、それは心理的にも隠そうとしていること。なぜ隠すのかといえば、私たちは基本的にモノを捨てることが後ろめたいから。その後ろめたさこそがワンクッションなのです。


私たちはモノを捨てるとき、以下の3つの心理が働きます。

1つめは、決断するのが**「面倒くさい」**という心理。表層の部分では事を起こすのが面倒くさいと感じています。なぜならモノが多すぎるから。

次に働く心理は**「もったいない」**です。「せっかく買ったのに」「まだ使えるのにもったいない」と思い、とっておきます。

もう1つは、捨ててしまうとモノはなくなるため、**「心許ない、寂しい」**という心理も働きます。

これら3つが表層の心理を占めています。

そして、その下に隠れている心理が、**後ろめたさ（罪悪感）**です。「使えるモノ、形あるものを捨てるなんて」という心の痛みのこと。

こうした感情ともつきあいたくないし、面倒くさいし、もったいないし、なくなって寂しいなら、もはや引き出しに突っ込むしかない。突っ込んで存在を忘れようとします。そして実際に忘れてしまいます。

さらに恐ろしいことに**「収納＝片づける」というポジティブな概念があり、自分の心をカムフラージュしている**のです。

引き出しはあなたの心の状態
――「見えない収納」から何が見える？

引き出しは、閉じればたちまち、中が見えなくなります。つまり**「見えない収納」**。

収納には3つの種類があります。

1つは、この**「見えない収納」**。引き出しをはじめ、扉を閉めれば中が見えない棚や押し入れもそれに当たります。

2つめは、**「見える収納」**。代表格が、ガラス扉の食器棚です。むき出しではないけれど、外から中をのぞき見ることができます。

3つめは、**「見せる収納」**です。これは、扉のない棚に置かれた器、床の間の花などがあげられます。

これら3つの収納のポイントは、空間に対してモノを7割（見えない収納）、5割（見える収納）、1割（見せる収納）に留めること。

この**「7：5：1の法則」**を提唱しています。

引き出しは「見えない収納」と言いながら、実はいろいろなものを見せてくれます。これが断捨離の視点です。

見えない収納

7

・・

見える収納

5

・・

見せる収納

1

ポイントは「空間をたっぷりとる」

いずれの収納も空間に対してモノを満杯（10割）にすることはありません。「取り出しやすく、しまいやすく、美しく」を意識して。

見えない収納には、目に見えない「思考・感覚・感性」がすべて詰まっています。もっとはっきり言うのなら、思考の浅さ、感覚のゆるみ、感性のにぶりが透けて見えてしまうのです。怖いですよね。

断捨離では、相似象《そうじしょう》という考え方をします。相似象とは、たとえば大きな空間と小さな空間、物理的な空間と身体的空間、見える世界と見えない世界は1つという考え方。

だから引き出しを見れば、その人の居住空間の状態がわかります。引き出しがパンパンなのに居住空間がスッキリしていることはほぼありません。そして引き出しを見ると、その人の思考をそのまま読めてしまうのです。

自分の今の「状態」を確認するためにも、引き出しの中をよく見てみましょう。

モノが多い、何が入っているかわからない、引き出しが開けづらいということはありませんか？

毎回、何かが引っかかる引き出しをガタガタさせながら開けていたとしたら――。それは、ペン立てにある書けないペンを取り出しては「ああ、書けない」とまたペン立てに戻す行為と同じです。それに対してイライラしてもいるのに、こういった感情にも無自覚で生きていることがほとんどです。

こうした行為は、引き出しに自分の思考・感覚・感性のゴミを入れているようなもの。この引き出しをスッキリさせたら、心もスッキリするのです。

私はお客さまが来ると「引き出しもどうぞご自由に開けてください」と言っています。取材や撮影で来られる人だけでなく、遊びに来る友人に対しても。

この「引き出しにゴミが詰まっていない」という意識は、すなわち「心のゴミも今は捨ててキレイになっていますよ」と表明している自分自身なのです。

引き出しを使いこなせない私たち
――なぜ自分の力を過信してしまうのか

私の経験上、どの収納を使いこなすのが一番ハードルが高いかといえば、引き出しです。

「引き出しがたくさんあって便利ですよ」とおっしゃる人は多いのですが、それを美しく機能的に使いこなしているケースを私は見たことがありません。おおかたゴミの突っ込み場になっています。

引き出しには奥行きや深さがあり、上手に使うのは高等テクニックです。引き出しがたくさんあるチェストを買って「分類できるから便利」と思うのも罠です。

私たちは「分類」などできません。どこに何を入れたか把握できないのです。引き出しにラベルをつけて管理している人もいますが、ラベルどおりにモノを入れるのなんて一度や二度だけ。しだいに空いている場所に突っ込むことになります。

私たちの生活は絶対的に、引き出しに収まる量よりたくさんのモノがなだれ込んできています。そして、私たちは大量のモノをすべて管理できると自分の力を過信しています。その実、あらゆるモノを把握することなどできず、取捨選択するのは面倒くさい。だから思考の対象物、判断・決断の対象物は可能な限り、少なくしておく必要があるのです。

私自身は常にモノの選択・決断をしている一方で、選択・決断を放棄しているものもあります。たとえば、レストランのメニュー。本来は自分自身にちゃんと聞いて食べるものを選びたいところですが、メニューがたくさんあったら決めるのは面倒。そこに思考を使うことをあえて放棄します。洋服選びも同じく。行き当たりばったりで買うし、その日の気分で着ています。

そう、放棄するという選択・決断もあるのです。今日は何を食べるか、何を着るかで頭を悩ませたくない。だから優先順位をつける。限られた時間とエネルギーを、自分にとって一番大事なことに集中しています。

引き出しにチマチマ分類するのも時間の無駄、エネルギーの無駄です。それじたいが愉しく気分転換になるならもちろんいいのですが、たいてい混乱を招いて終わり。キャパオーバーとなっています。

キャパオーバーになったときこそ、引き出しを1つ断捨離しよう

あるとき、書籍の出版依頼が来ました。なぜだか私はその依頼を受けることに抵抗があ

り、お返事していませんでした。別の2冊の本が同時に進行し、心理的に追い詰められていたのです。

キチキチにスケジュールが詰まっているときに、2冊分のゲラ（印刷された原稿）が戻ってきて、新しい本のことなど考えられません。ただ、手元のゲラを加筆修正し、編集者さんにお戻しすると「すごくよくなりました」と喜んでくれ、結果的によいものに仕上がりました。物書き業としてはなんともうれしく、そこでホッとしたら「新しい本を書こう」と思えてきたのです。

つまり、私の中にキャパができたということ。みなさんにもそんな経験があるのではないでしょうか。詰まりがとれたら、やる気も起きる。詰まっているところに詰め込んではならないのです。

私たちは、空間にモノを詰め込みすぎてしまっています。それで「片づかない」とか「散らかっている」と嘆いています。同時に、時間にも物事を詰め込みすぎている。これらをキャパオーバーといいます。

キャパオーバーが自分の首を絞めています。空間を台無しにし、時間に忙殺され、それ

美しい引き出しにある「間」

ゆったりした時間が流れる引き出し。食卓に置かれた姿、料理を盛った姿がそのまま再現されています。

によって自己肯定感を下げている。したがって、この空間の定員はどれくらいだろうか、この時間内にできることは何だろうかと意識する必要があります。

人それぞれキャパは違い、それは体調や環境にも左右されます。自分のキャパはどのくらいか——。引き出しは、それを見極める絶好の場所です。

引き出しがパンパンに詰まっていたら、何も考えられない状態、何も感じられない状態ということ。ぜひその引き出しを1つ、ひっくり返して開けてみてください。

「こんなに余計なモノが入ってる！」
「こんなに量はいらないな」
「第一、これは一体何だ？」
「こんなしょうもないモノいる？」

こんなふうに思考が巡り出してきます。

そう、余裕がなくなっているときほど、「引き出し1つ」に取り組むことをオススメします。引き出しにモノがパンパンに詰まっているほど効果を感じられるはず。詰まりがとれ、爽快さが流れ込んできます。

引き出しからモノがなくなれば、空間がリセットされたことになります。すると同時に、自分の頭も心もリセットされる。その感覚をぜひ味わってみましょうか。

「引き出しの多い人」になるために——自在力を手に入れよう

能力がある人を「この人は引き出しがいっぱいある」と言いますよね。引き出しは、入れておしまいではありません。引き出さなくてはならないのです。

インプットしてアウトプットする。どんなに情報をインプットしても、アウトプットとして行動を起こさなければ意味がありません。インプットはアウトプットのためにあります。必要なときにいつも「ここだ！」と適切な引き出しを開けるのです。

使いこなせない引き出しは、頭の中に情報を溜め込んでおくことと同じ。私の場合、英語となるとなかなか引き出すことができません。そもそも引き出しに収まってくれないのですが。

さらに、引き出してどう使うかも重要です。それは、人の力を引き出すことにもいえます。自分の力を引き出すだけでなく、人の力をどう引き出すか。つまり自分と相手との関係性によって、うまく引き出せることもあれば、引き出せないこともある。たとえば、講師業というと教える仕事だと思っている人がいますが、じつは引き出す仕事なのです。

要するに、「引き出しの多い人」とは開閉自在なこと。すべて自在力です。

日本語は大変おもしろく、見える部分と見えない部分に共通した言葉を使います。物理的なタンスの引き出しと頭の引き出しのように。現実世界と精神世界のつながりを1つの言葉が教えてくれている気がします。

それがわかってくると、見える世界から見えない世界を読み解くことができます。見えない自分を発見することもできます。そう、引き出しを見たら、「あなた」がわかるのです。

この小さくも奥深い引き出しに、ぜひ対峙してみてください。

第1章

まずやってみる！

引き出しの断捨離

引き出し1つから、新しい自分になろう

引き出しの本来の姿を取り戻そう

必要なモノを、必要な数だけ、あるべき
場所に。意図・意思をもって収めていくと、
おのずと美しい引き出しのできあがり。

まず
やってみよう！

引き出しの断捨離トレーニング

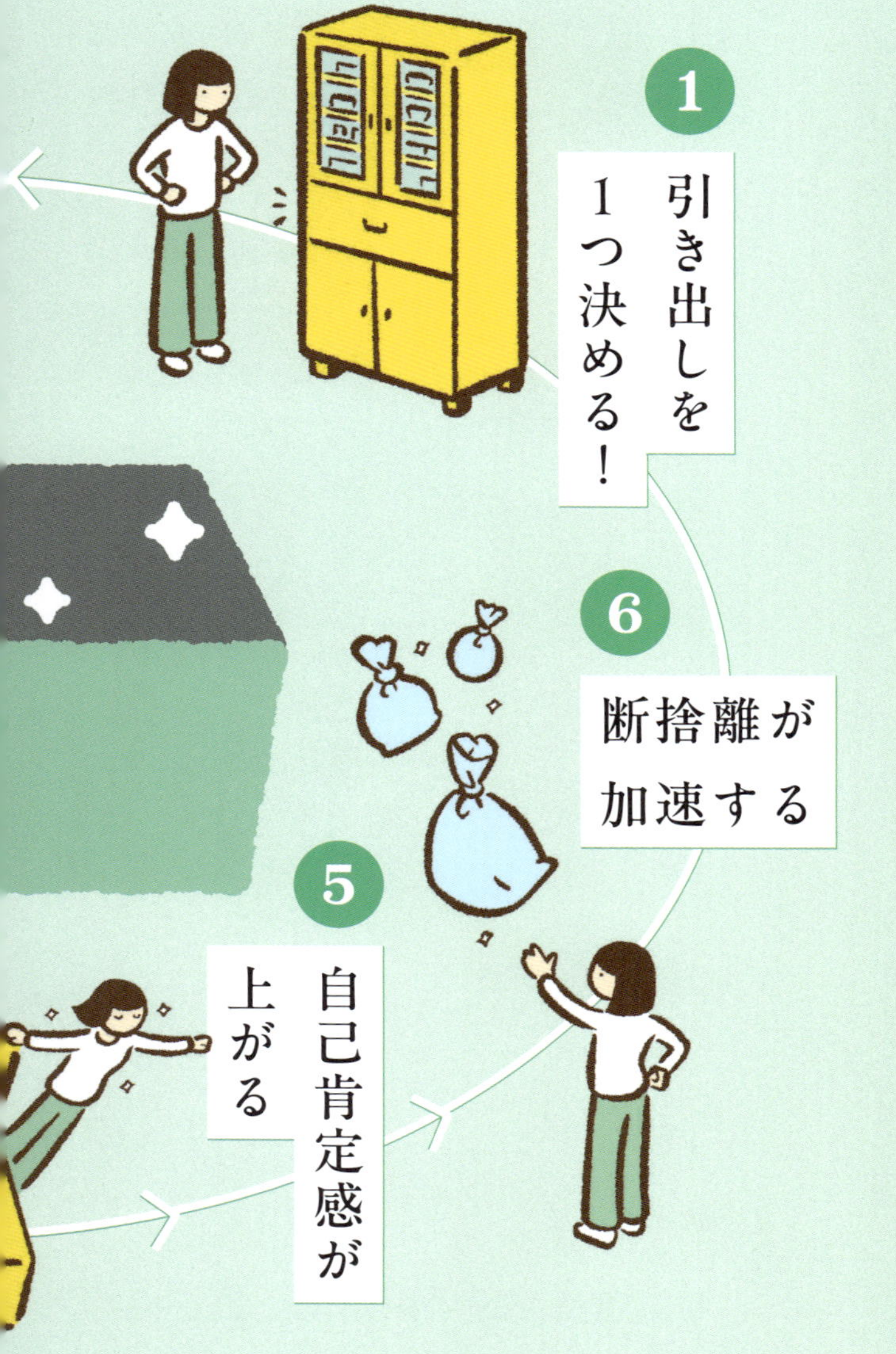

2

引き出しから
モノを
(全部or一部)
出す

3

取捨選択した
モノを引き出しへ
戻す

ポイントは
取り出しやすく
しまいやすく
美しく

4

引き出しの
スッキリを
味わう

「引き出しの断捨離」は
センサーを磨くトレーニング

では、これから「引き出しの断捨離」を始めていきましょう。

引き出しのよいところは、限られた空間であるところ。すぐ取りかかれるハードルの低い断捨離空間といえます。

「今日はこの引き出し1つを断捨離しよう」と決めたら、その引き出しの中身をすべて出してください。

ダイニングテーブルの上、床の上などの水平面に出したモノを広げていき、俯瞰できるようにしましょう。

「こんなにあったのか！」とまず驚くはずです。

そして、1つひとつのモノを手にとって取捨選択をしていきます。

要・不要　そのモノはあなたの生活、人生に必要ですか？

適・不適　そのモノはあなたの生活、空間に適していますか？

快・不快　そのモノはあなたにとって心地いいですか？

このセンサーを働かせてください。

「使おうと思えば使えるけど、ずっと使ってないな」というモノは、すでに心が離れてしまったのかもしれません。本当に必要なモノ、好きなモノ、使いたいモノはそもそも断捨離対象に浮上してきません。こうして選び残していったモノをもとの引き出しに戻して収めます。小さな1か所でOK、モノ1つでもOKです。目の前の引き出しと向き合って、次のような「問いかけ」をしてみてください。

食器棚の引き出しでは、

カケやヒビのある食器はない？

箱に入ったまま数年経過したブランド食器は？

子どもが幼かった頃のキャラクター食器は？

家族の人数分をはるかに超えた食器は？

なぜかテンションの上がらない食器は？

キッチンの引き出しでは、

眠ったままの鍋・フライパンはない？

家族の人数分をはるかに超えた箸・カトラリーは？

見栄えのよくない布巾・雑巾は？

使い切れない数のストック品は？

〝いつか〟のためにとってある密閉容器は？

冷蔵庫の引き出しでは、

消費期限切れ・賞味期限切れの食材はない？

食べられるけれど食べたくない食材は？

何年も凍り続けている冷凍食品は？

冷凍庫で増え続ける保冷剤は？

使いかけで放置している調味料・粉類は？

書斎の引き出しでは、

インクが出ないままペン立てに立っているペンはない？

同じ色が何本もある色ペン・色鉛筆は？
サビのついたハサミやカッターは？
かわいいけれど……のファンシーグッズは？
使いかけで投げ出してしまったノートは？

洗面所の引き出しでは、

使いきらずに飽きちゃったメイク・スキンケア道具はない？
引き出しの隙間を埋めている試供品は？
ごわごわしたバスタオル、フェイスタオルは？
「襟用」「袖口用」など、めったに出番のない洗剤は？
洗濯カゴの中で忘れられている洗濯ネットは？

引き出しの断捨離は、そのセンサーを磨くトレーニングとして最適です。

私たちは大量のモノや情報がなだれ込んでくる中で暮らしています。

こうした「動き」の中から何かを選び、採用しないと生きていけません。

自分の意図・意思を持って、自分の思考・感覚・感性を動員して、主体的にコミットする——そのトレーニングを日々断捨離でしていくのです。

選び抜いたモノを引き出しにどう収める？

選んだモノを引き出しに収める際のキーワードは、**「取り出しやすく、しまいやすく、美しく」**。


モノは使うために存在しています。一時的に出番待ちをしているのに過ぎません。「取り出しやすく」するためのポイントは、できるだけ「手間＝アクション」を減らすこと。

たとえば、市販のだしの素を買って来たら、まず箱のフタを切り取ったり、小袋を取り出

たこ焼き器を箱に収納していたら、「出して・使って・しまう」だけでも8カウント!!

1 棚の扉をあける。

2 たこ焼き器の箱を出す。場合によっては、箱の上に別の箱が乗っているので、その箱を取り出すアクションがプラス1。

3 箱のフタを開ける。

4 たこ焼き器、コードを取り出す。

5 たこ焼き器を使う。(洗って、拭き取る)

6 たこ焼き器を箱に戻す。

7 箱を棚に戻す。

8 棚の扉を閉める。

たこ焼きは楽しいのに、なぜかおっくうになっていませんか。

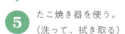

したりしてから収めます。すると、引き出しを開けるというワンアクションで使うことが可能になります。

「しまいやすく」するためには、そもそもモノを絞り込む必要があります。引き出しの中に「間」を作ることで、モノが収まるべき場所が一目瞭然となります。

「美しく」は、私が一番大切にしているポイントです。私の引き出しは、モノをハラハラと収めるひでこ方式（55ページ参照）。このハラハラが私には気持ちいいのです。引き出しを開けるたびにうれしく、愉しい気分になります。

ぜひ、今日から始めてみてください。引き出しが美しいことは、あなたの人生にとってのアドバンテージとなりますよ。

まずやってみる ココ断捨離！

食器棚の引き出し1つでトレーニング

「いつか」のためにとっておかない

毎日、毎食、開閉している身近な引き出しといえば、食器棚の引き出し。たとえば、カトラリーの収まっている引き出しはどのような状態になっていますか。

わが家のカトラリーの引き出しは左にある「ひでこ方式」です。カトラリー同士がたっぷりと「間」をとり、気持ちよさそうに収まっています。

あるとき、茶道の先生をされている方が、YouTubeで「ひでこ方式」を見て「とてもあんなふうにできません」とおっしゃいました。私は答えます。

「あたりまえでしょう。私が何年、断捨離していると思ってます？　先生はお茶を何年されていますか？　お茶歴数年の私とは違うでしょう？」

茶道の「道」と同じく、断捨離も「道」です。お稽古すればするほど奥深さがわかっていきます。

ハラハラが心地よい「ひでこ方式」

引き出し空間は１つのアート。モノにとっては出番待ちの楽屋。お箸もカトラリーも小鉢も近々登場する「現役選手」しかいません。

家族の人数とカトラリーの数は合っていますか？ **かつて4人家族だったお宅が今は2人暮らしだったら、10本も20本も必要ありません。**時間の経過とともに家族のカタチも変化します。

また引き出しの中でカトラリーがぎゅうぎゅうになっていたら、空間に対するカトラリーの数も合っていません。このように断捨離は、時間認識能力、空間認識能力を磨くトレーニングでもあります。

ハラハラと収めれば、間仕切りだ、ラベリングだ、と細かくルールを決める必要もなし。さあ、あなたも引き出しを1つのアート作品にするようにモノを収めていってください。

まずやってみる

ココ断捨離！

キッチンの引き出し1つでトレーニング

もらってきた割り箸を捨てよう

キッチンにはたくさん引き出しがあります。何気なく開けると、タダでもらってきた割り箸が入っていませんか。以前のようにコンビニでもらうことは少なくなりましたが、昔もらった割り箸が使われないまま放置されています。

私もあるところから割り箸を大量にもらいました。割り箸で食事する機会がない私は、これをどうしているのか——。たとえば、納豆を混ぜるとぬるぬるしてお箸を洗うのが手間だったりします。あるいは炒め物をすると菜箸が汚れますよね。そこで割り箸をすべて「使い捨て菜箸」にしています。

そしてキッチンの隅っこ、コンロ近くにある小さな引き出しを割り箸専用にしています。この端っこの小さな引き出しをうまく使いこなせているケースはまれ。忘れ去られ、汚くなっている場合がたくさんです。

取り組みやすいのが、鍋やフライパンの収まる引き出し。鍋やフライパンは「一用途につき1つ」で揃えると、無限に増えていきます。中華料理にはこの鍋、多くの来客には大サイズ、家族用には中サイズと「これ専用」「この場面で」と頭の中でどんどん広がっていきます。想像するのはけっこうですが、それを限られたキッチンに収めようとするとムリがある。だから「鍋18個にフライパン10個が出てきた」なんて逸話がいくらでもあるのです。明らかにモノの数と空間が見合っていません。

キッチン家電についても「専用じゃないと」という固定観念がありませんか？　これはつまり、自分に対する制限でもあります。「専用という制限」に気づいてほしいのです。

重ねないから
使いやすく美しい

鍋は３つ。サイズ違いで入れ子も可能ですが、重ねません。重ねたとたん手間が増え、使いにくくなるのは自明。ニトリの座布団の上でゆったりと。

まずやってみる
ココ断捨離!

冷蔵庫の引き出し1つでトレーニング

「これ食べたい?」と自分に問いかけて

冷蔵庫は扉を開ける空間と共に、引き出し空間もあります。野菜室、冷凍室、チルドケース……。冷蔵庫も「引き出しの断捨離」のよきトレーニングになります。

というのも、冷蔵庫の中は変化要素満載だから。朝、ごはんを食べたら、その刹那《せつな》、冷蔵庫の中は変わっています。買い物に行って帰ってきたら、また更新されます。瞬々刻々、何がどのくらいあるかという状況把握をする必要があります。常に動きがある中で、どう臨機応変に対応して美しく保つか。「食」という生きていくための根幹に直結している場で、思考・感覚の取り戻しができます。

食材を余らせたり食べきれなかったりすると罪悪感がありますよね。それでも食べ残しは出てしまいます。それを即、捨てるか、**冷凍庫に入れてモラトリアム期間を設けるか。**

いつも自分流にカスタマイズ

この野菜室に野菜はナシ。冷蔵庫も使い方は自分次第です。お米もここに。袋の中身が減ってきたら小さい袋に移し替えて保存します。

今日は食べきれないけれど翌日には食べたいと思うのか。常に自分に聞くことになります。

　常にカタチが変化する冷蔵庫の中を点検して断捨離することが、食べ物を粗末にしない、買い込みすぎない、溜め込まないためのトレーニングになります。

「冷蔵庫にしまう」という表現を用いますが、そうではありません。冷蔵庫は、出して食べるために一時的に置いているにすぎないのです。それが食べ物を生かすということ。

　冷蔵庫を収納場所にしてしまってはなりません。

まずやってみる

ココ断捨離！

書斎の引き出し1つでトレーニング

二重三重にある文具を1つに絞る

文房具の入っている引き出しを開けてみましょう。ここがギチギチ、パンパンになっているお宅も多いのでは。

特にお子さんのいる家庭では、クレヨンや色鉛筆が１００本２００本と出てきます。学校から文房具セットの購入を求められることも多く、ホチキスやノリや定規が二重三重にあります。さらにファンシーグッズ。かわいらしくて使うのがもったいない！　コンパクトで邪魔にならないし腐ることもないので罪作りです。

気づいたらこんなにたくさんある！　あったはずのモノがない！　文房具はそんな無意識・無自覚の象徴。文房具に向かい合うことで、自分の無意識・無自覚をつまびらかにしていきましょう。量に対しても、質に対しても、使用頻度に対しても。「量・質・種類」への検証が常に必要です。そうすると買い物行動も自然と変わってきます。

私も文房具、大好きです。

特にペンは書き味を求めて、次から次へと買ってしまいます。書ければいいわけではないですよね。よい道具を使えば、勉強できるようになる、頭がよくなる、字がうまくなる――そんな暗示にかかりやすいのが筆記用具です。

筆記用具の断捨離は、つまり頭の中の断捨離。書くという行為は頭の中に湧いたことを外に出すことですから。頭の中に溜まったものを空っぽにする作業です。空っぽにするからまた湧いてくるのです。

私は使っている文房具を同じ空間で「一元管理」しています。ストックは持たず、1軍の文房具をゆったりと待機させています。

透明ケースに
文房具勢ぞろい

無印良品の透明ケースの引き出しで文房具を「一元管理」。ストック品はなく、現在進行形のアイテムが1点ずつ収められています。

変幻自在！　透明ケース活用法

スッキリまとまる無印良品の透明ケース。その引き出しを「平面」に引っ張り出し、モノ1つひとつを主役にします。

全引き出しを引き出して活用

透明ケースは3つの引き出しをバラバラにして、本体も立てて活用。使い道が広がり、収めるのが愉しくなります。

引き出し1段目は文房具コーナー

コンパクトサイズの引き出しの中で、使うアイテムは厳選して。使うモノの補充と同時に、使わないモノの退場を促します。

引き出し2段目は衛生コーナー

薬箱の代わりに、ここに衛生用品をまとめて。用法用量を把握している常備薬は箱から出して保管。絆創膏は適量をクリップで留めて。

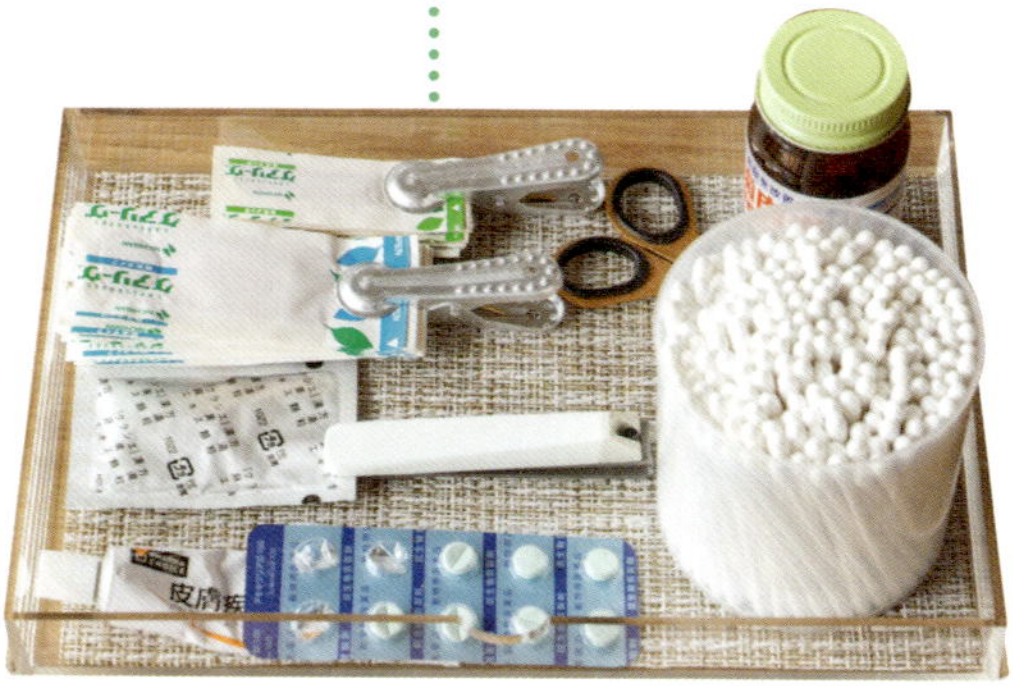

引き出し３段目は眼鏡コーナー

ここは夫の眼鏡コーナー。１つひとつの眼鏡がアートとして引き立つよう、デザインのある敷物の上にゆったり配置します。

書類コーナーは本体を縦にして

透明ケースの本体を立てて使えば、一目瞭然の書類ケースに。限られたスペースは「これ以上持たない」という意思表示にも。

まずやってみる
ココ断捨離!

洗面所の引き出し1つでトレーニング

試供品、使いかけ品を一掃しよう

洗面所の引き出しを開けると、なぜか必ずあるモノ。それが試供品です。いつもらったかわからない。よく見たら大量にある。これが試供品の摩訶《まか》不思議。

化粧品を買うと「試供品を入れておきますね」と言われることがあります。「美白になります」と言われて3日間つけてみるものの特に効果のほどはわかりません。サプリメントもそう。「たちまち効く」と謳《うた》いながら、よくよく見ると小さな字で「効果には個人差があります。最低でも3か月お使いください」などと書かれています。

試供品をどれだけ自覚的に受け入れ、どれだけ自覚的に使っているでしょうか。無意識にもらい、無意識に留め置き、無意識に放置していませんか。問題なのは、この無自覚の3連続です。

「これにどんな意味があるの?」という問いかけが大事。自分にとっての意味を問いかけ

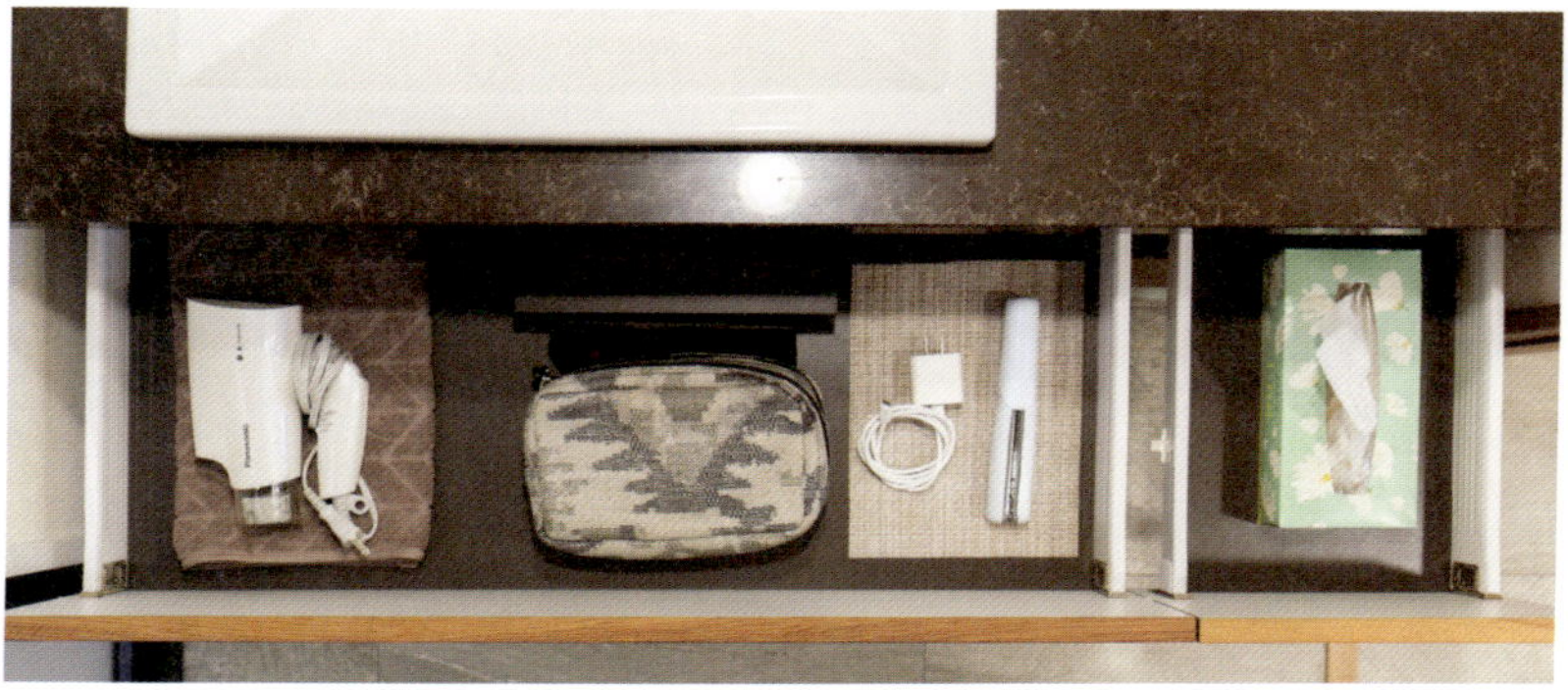

自分をキレイにする空間を美しく
身だしなみの空間が汚かったら本末転倒。大きな引き出しはドライヤー＆ヘアアイロンとメイクポーチの待機場。小さな引き出しにはティッシュ箱１つ。

るために試供品の断捨離をしましょう。

私たちは目の前のモノ、目の前のコト、目の前のヒトに対して、意味の問いかけをしているでしょうか。モノもコトもヒトも、ただただ通りすぎていませんか。小さいモノだから引き出しに入れておいても害はないと思っていませんか。一事が万事。小さいモノ、小さいコトに対しての無自覚で、その意味を問わないことは、自分の人生の意味、生活の意味を問わないことと同じです。

断捨離の１つの目的は、無意識の意識化です。試供品の意味を問えないことは、自分の存在意義も問えないということ。壮大な話になりましたが、まずは引き出し１つから始めてみましょう。私たちの意思は１つです。そこに小さい、大きいは関係ありません。

大澤ゆう子のお掃除ナビ

大澤さんのお掃除道具

プロは身近なモノを使いこなす！

ここから「ピカピカの魔術師」こと、大澤ゆう子断捨離トレーナーの登場です。プロのお掃除屋さんとして35年のキャリアをもつ大澤トレーナー。お宅訪問の際、常に持ち歩くワザありお掃除道具7つを紹介します。えっ、そんなフツーのモノが!?

お掃除で活躍！——とっても身近にある7選

1 汚れで使い分ける 両面ブラシ

斜めのカットが汚れに届く

片方が柔らかく、片方が硬いブラシ。ポイントは斜めのカット。「歯ブラシはダメですよ。ストレートで汚れの凸凹に届かないので」

2 毛足の短い Jブラシ

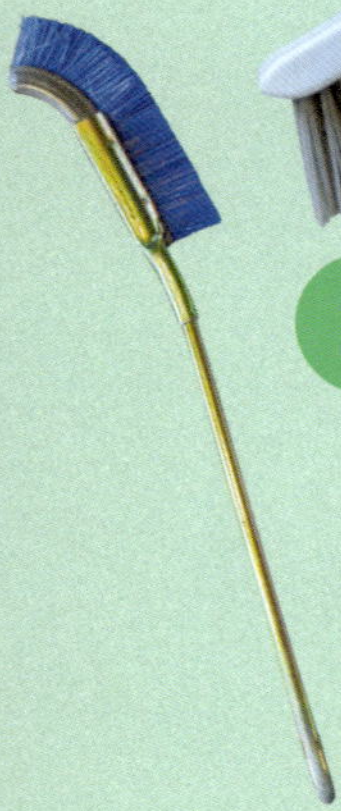

濡らして使うのが鉄則

このＪブラシ(カーブブラシ)も強力な助っ人。「ブラシを使うときは必ず、１回水につけてから汚れを狙ってください」

3 しなやかな竹串

使い道いろいろ竹串のワザ

蛇口のお手入れしてますか？

シャワータイプの水道はシンク掃除に大変便利。でも、そもそも水が出る蛇口キャップに水垢が溜まっていたら？ まずはブラシで垢落としを。

奥の汚れが気になる……なら竹串の出番だ！

「水垢を見たくない、見ようとしない人がいますが、現実を見ましょう」。白くなった水垢には丈夫な竹串の尖った部分がテキメン。

竹串のお尻も役に立つ

汚れの部位や角度によって竹串のお尻を使ってゴシゴシ。竹串も濡らしてから使いましょう。水は滑りをよくし傷を防ぐ「仲介者」。

隅っこや継ぎ目も力まずツルツル

毎日磨いているつもりでも水回りの汚れはあなどれません。水に濡らした竹串をスーッと滑らせれば、隅々までツルツルに。

4 ジップロックで持ち歩く ゴム手袋

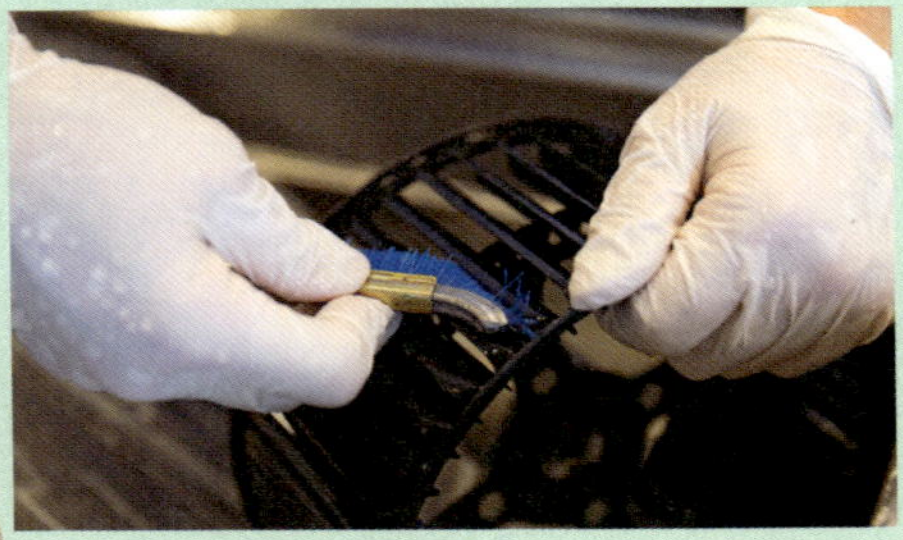

二枚一組の入れ子にして

洗剤から手を守る、静電気を利用してペットの毛をとる際に登場。愛用はニトリルのＭサイズ。二枚一組の入れ子にしてジップロックに入れて持ち歩きます。

5 布ならなお強し、ガムテープ

手軽にペタペタ、たちまちキレイ

カーペットの髪の毛とりをはじめ、シールを剥がした跡にガムテープが効くんです。強度のある布テープを持ち歩きます。

6 色で使い分ける マイクロファイバークロス

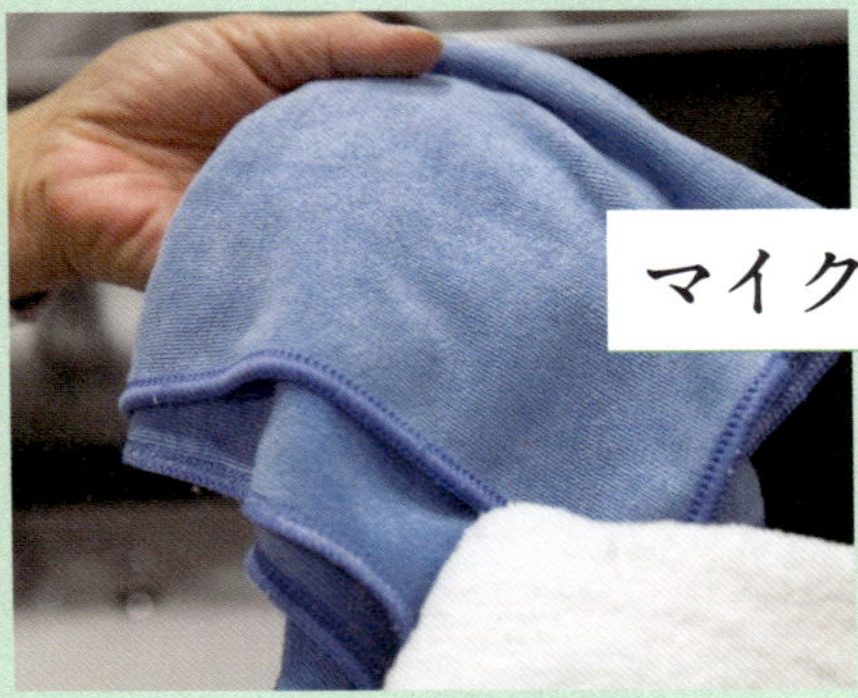

毛足の短いクロスがオススメ

ブルーはお風呂とガラス、赤はキッチンと使い分ける大澤ルール。接する面を傷つけないよう、繊維の細かいクロスを水になじませて使います。

7

ドライもウェットも万能な
ペーパータオル

いつも乾拭きで仕上げる

繰り返し使える丈夫なペーパー（スコッティーファインタオル）は、水拭き（洗剤拭き）と乾拭きの２枚づかいが基本です。

カランを光らせたいなら

水洗金具にしつこく残る水垢・手垢には、ペーパータオルで包み込む「湿布法」が効果的（178 ページ参照）。

ピカピカの魔術師

大澤ゆう子

大手ハウスクリーニング会社に従事して35年のお掃除の専門家。２０１２年からは断捨離トレーナー（第１期生）として活躍。人気テレビ番組「ウチ、〝断捨離〟しました！」には「ピカピカの魔術師」としてたびたび登場。

群馬県の自宅では月２回、断捨離と掃除の基本などを教える「断捨離&掃除の学校」を開催し、多くの人の断捨離と掃除の悩みに向き合っている。

第2章

出かける前にできる！

1日1か所断捨離

気持ちいい
1日が始まる
愉しさが
ずっと続く

気持ちよく「いってきます」
玄関は、内と外をゆるやかにつなぐ大切な空間。いつも笑顔で、「いってきます」「ただいま」「ようこそ」を言うために。

出かける前にやってみよう！

断捨離トレーニング

1

外出準備の時間をちょっと前倒しにする

6

「出かける前断捨離」がクセになる

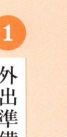

2

床にあるモノを断捨離する

3

床のスッキリを味わう

4

気持ちよく出かけられる

5

外出先で気持ちよく過ごせる

出かける前のタイムリミットで断捨離は進む

ここからは「この時間に、この空間の断捨離をしましょう」という提案をしていきます。本章では、「出かける前にできる断捨離」を。

ところで、なぜ出かける前というバタバタ慌ただしい時間をあえて提案するのでしょうか。これには理由があります。

多くの人が「断捨離したいけどできない」と悩んでいる理由として、「時間がない」があげられます。そもそも断捨離は「大量のモノをまとめてするもの」というイメージを持ちがち。ゆえに、ただでさえ忙しい日々の中で「まとまった時間」がとれるはずもなく、先延ばしにしている現実があります。

そこで私は声を大にして言いたい。

断捨離は日常の中で行うお手入れですよ、と。小さく区切ったこの1か所でいい、ごく短時間で「ついでに」できるものです。わざわざ時間を作る必要はなく、今日からカンタンにできることを知ってほしいのです。

私たちは空間、時間、人間（エネルギー）という3つの制限の中で生きています。時間の制限があると、エネルギーの集中を促します。空間の制限があると、その中で入れ替えが起こります。私たちに湧いてくるエネルギーの制限があることで、自分を慈《いつく》しむようになります。

出かける前は時間がないため必死になります。朝、歯磨きをしたら、ついでに洗面台の鏡も磨く。靴を履くついでに靴箱一段を眺め、もう履かない靴を取り出す。このように、出かける準備をしながら「ついでに」始末をしていきましょう。

短時間なので、グダグダと言い訳している暇はありません。とにかく準備して出かけなければならないのですから、先延ばしできない。「お尻を決める」と、やるしかないのです。締め切り、納期を設けるから仕事が終わるのと同じ。これが「制限の効用」です。

「マイペースな断捨離」の落とし穴

「時間がたっぷりある」と思うと、つい寄り道しがち。「30分しかない」と思うと、ちゃちゃっと手が動く。時間制限を設けてよーいどん！

もちろんやり残してしまうこともありますが、そんなときは「今回はここまでできた！」と切り替えて、元気に出発しましょう。

この**「制限の効用」**について、もう少しお話しさせてください。

たとえば、家じゅうにモノが溢れかえっている人が、「マイペースに自分なりに断捨離します」と言っていることがあります。

この調子ではいつまで経っても片づきません。「あなたのペースでやっていたら200年経ってもこのままですよ」と申し上げたくなる家も。現状認識が甘いのです。「ごめんなさい、少し負荷をかけますね」と言って進めていきます。

少し負荷をかけることは悪いことではありません。人間は怠けるようにできていますからね。

私たちは怠けるために生まれてきたのでなく、いろいろなことを経験し成長するために生まれてきたという立ち位置に立ったら、やはり負荷は必要です。これを「刺激」ともいいます。

朝の短時間、ちょっとがんばって断捨離したことで、帰ってきたときの気分が全く違います。気持ちよく帰路につくことができ、出かけた先での気分も軽やかでいられます。

私は「立つ鳥跡を濁さず」ならぬ、「飛ぶ鳥跡を濁さず」をモットーにしています。旅立つのではなく、いったん飛び立って巣に戻ってくる。

さあ、美しい巣をつくるために、一緒に始めましょう。

出かける前に

ココ断捨離！

出かける前にゴミ捨て1か所

ゴミ袋は7割で閉じる

私が「出かける前にする断捨離」の筆頭はゴミ捨てです。帰ってきたときの部屋の状態を想像すると、ゴミを放置してはおけません。

ゴミ出しにも、燃えるゴミ、燃えないゴミ、資源ゴミ、粗大ゴミといろいろあります。わが家のマンションには24時間ゴミ出し可能のゴミ置き場があるので、出がけに置いてくることができます。ありがたいことですね。

私は紙袋をゴミ箱として使用しています。キッチンには大きめの紙袋を、洗面台には小さめの紙袋をセットします。そこにポリ袋をかぶせて、ゴミが出たら頻繁に交換。紙袋が汚れたりよれたりしたら、そのものをゴミに出します。

ゴミが溜まったポリ袋は大きなゴミ袋にまとめます。「ゴミ袋が満タンになったらゴミ出しする」というポリシーの人もいますが、私はこれを推奨しません。満タンになったら洗濯機を回す、満タンになったら食洗機を回すのも同様に、この発想を「満タン思考」といいます。

満タンになったら……と考えていると「まとめ家事」をすることになり、作業が大ごとになります。また、満タンになるまでに時間が経過するため、ニオイのもとになることも。さらに満タンになっていることで「もうこれ以上入らない」という取りこぼし、積み残しも発生します。

満タン思考は、つまり節約思考でもあります。お金に換算して、電気代・水道代、あるいはゴミ袋1枚の節約になると考えているのです。その年間1万円を節約するためにどれだけのストレスが生じているのでしょうか。それを考えたら、この1万円を使ったほうが俄然、気持ちよく暮らせます。

私はゴミ袋が7割ほど埋まったら、袋の口を縛ります。すると、運ぶときに重すぎず、持ち手にも余裕があり、回収業者さんも扱いやすくなります。

海外旅行に着古した服を着ていって、現地で捨ててくればいいという人がいます。私はその思考はとても残念に思います。あなたの行った国は、あなたが泊まった先のホテルは、ゴミ捨て場ではないのですから。

1つの旅行でも素敵な服を着て愉しめばいいのに、ボロボロの服を着て行くことも残念です。しかも捨てることを前提で。

私はいつも宿泊したホテルの部屋のゴミ箱を使いません。燃えるゴミ、燃えないゴミを分け、紙袋にゴミをすべてまとめて、キレイなカタチで置いてきます。

いつもゴミ出しは美しく。回収する人への思いやりを忘れずにいたいと。始末のいい人になりましょう。

キッチンのゴミ＆生ゴミはここに

食材の切れ端や食べ残し、紙類のゴミは、冷蔵庫の横にセットされたゴミ箱へ。

ゴミ箱、ココに置いてます

各部屋にゴミ箱は置きません。目的別に紙袋１つずつ、
計３つ。個室で出たゴミは、持ち歩いてここにポイ。
ゴミ出しも出かける前に手間いらずです。

洗面所の
タオル置きの下に
紙袋タイプのゴミ箱は、存在をアピールすることなく、インテリアになじみます。ゴミ箱（紙袋）が汚れたりグシャリとなったら交換どき。

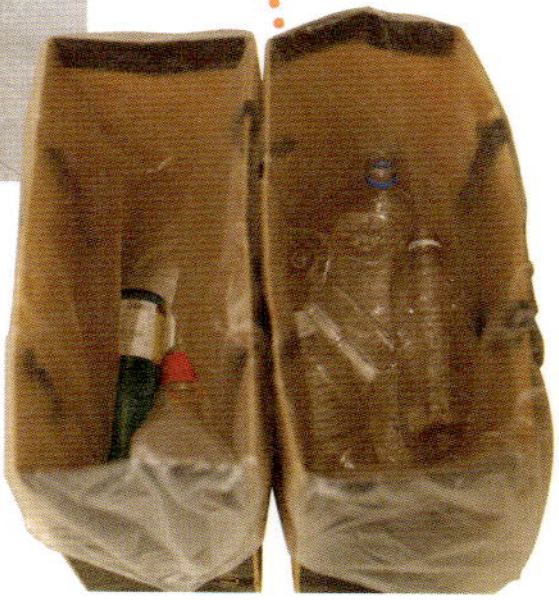

ここは缶・瓶・ペットボトルコーナー
紙袋にポリ袋をかけてセッティング。左のゴミ箱には、よくすすいだ空き缶・空き瓶を、右のゴミ箱には（飲む前にラベルをとった）ペットボトルを。

「美しいゴミ捨て」はこんな手順で

「始末のいいゴミ捨て」のカギは、フットワークの軽さと満タンにしないこと。プラス、ゴミ回収してくれる人への想像力。さあ、やましたひでこのゴミ捨てレッスン開始！

1

ゴミ箱は紙袋。空間の邪魔になりません

オンラインショップで10枚セットで購入した、大小の紙袋をゴミ箱として使用します。大きいサイズは床置き用、小さいサイズは台置き用。

2

紙袋にこうしてポリ袋をセット

大きいサイズの紙袋に30ℓや45ℓのポリ袋をかけて使います。こうしてフットワークの軽い移動式ゴミ箱のできあがり。

3

角をきちんとして見栄えよく

ポリ袋の扱いも見栄えよく。「ひと手間」を惜しんでおざなりにしておくと、お手入れ意欲を削いでしまいます。

4

生ゴミは小さなポリ袋にまとめて

食材を切るとき、まな板の横に小さなポリ袋をセットして。食後の後片づけで出た生ゴミもどんどん放り込んでいきます。

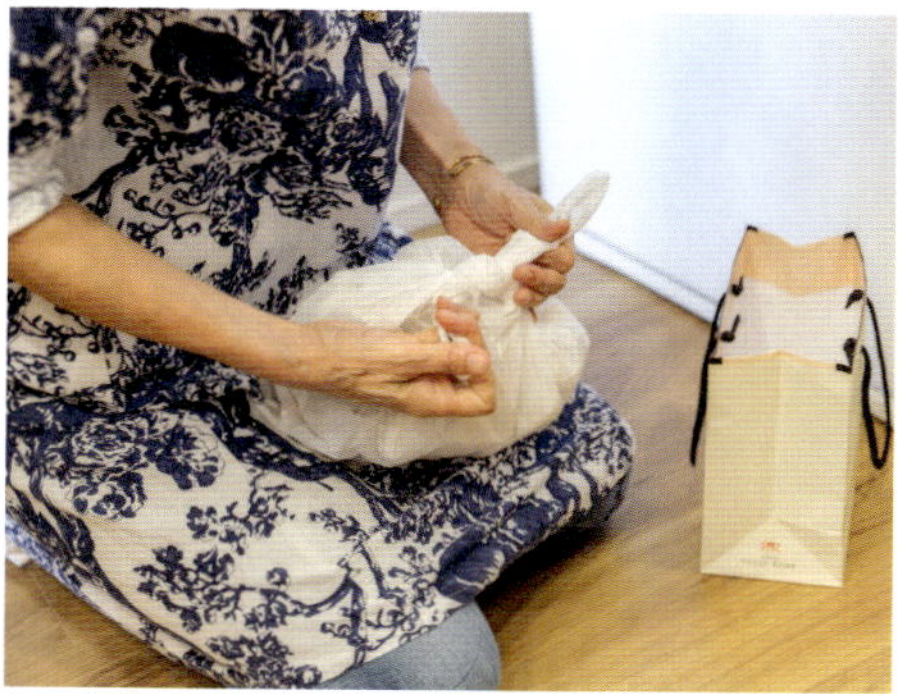

5

7割で袋を縛ればニオイなし

小さなポリ袋が7〜8割まで埋まってきたら、口を縛ります。満タンにしてから縛る、の固定概念を捨てましょう。

6

小さなゴミ袋→大きなゴミ袋にまとめて

ゴミ出しする際は、冷蔵庫脇にセットされたゴミ袋に、生ゴミの小さな袋をまとめて。ゴミ袋はケチケチしないのがコツ。

バッグのゴミ捨て
――中身を「全出し」し、リセットする

ゴミ出しは、ゴミ箱だけではありません。持ち歩いているバッグの中を見てみましょう。入れっぱなしのゴミが出てきませんか。

ペン、マスク、ガムの包み紙、ティッシュを丸めたもの。奥のほうでアメが溶けているなんてことも。

そう、**バッグは持ち運びのゴミ箱と思っていいでしょう**。

私たちは外出すると、その日1日のゴミをバッグに入れて持ち帰ってきます。できれば、その日のうちに「全出し」することがベストですが、次に出かける前でもＯＫ。

「全出し」すると、入れっぱなしのモノがなくなるため、必要なモノがクリアになります。忘れ物、探し物もなくなります。

ぜひバッグの断捨離を習慣化してくださいね。

バッグは洋服と並んで待機

クローゼットの一角で、心地よさそうにハラハラと置く(掛ける)のがポイント。バッグ好きだからこそ、使わないバッグは持ちません。

大澤ゆう子の お掃除ナビ

掃除機のお手入れ

ヘッドの汚れが家を汚す

部屋じゅうの掃除を
がんばってくれている掃除機。
このお手入れ、してますか？
してもいないのに
「うまく吸いとらなくて」と
不満をこぼして
いないでしょうか。
お手入れする前と後で、
掃除機をかける感覚の変化を
味わってみてくださいね。

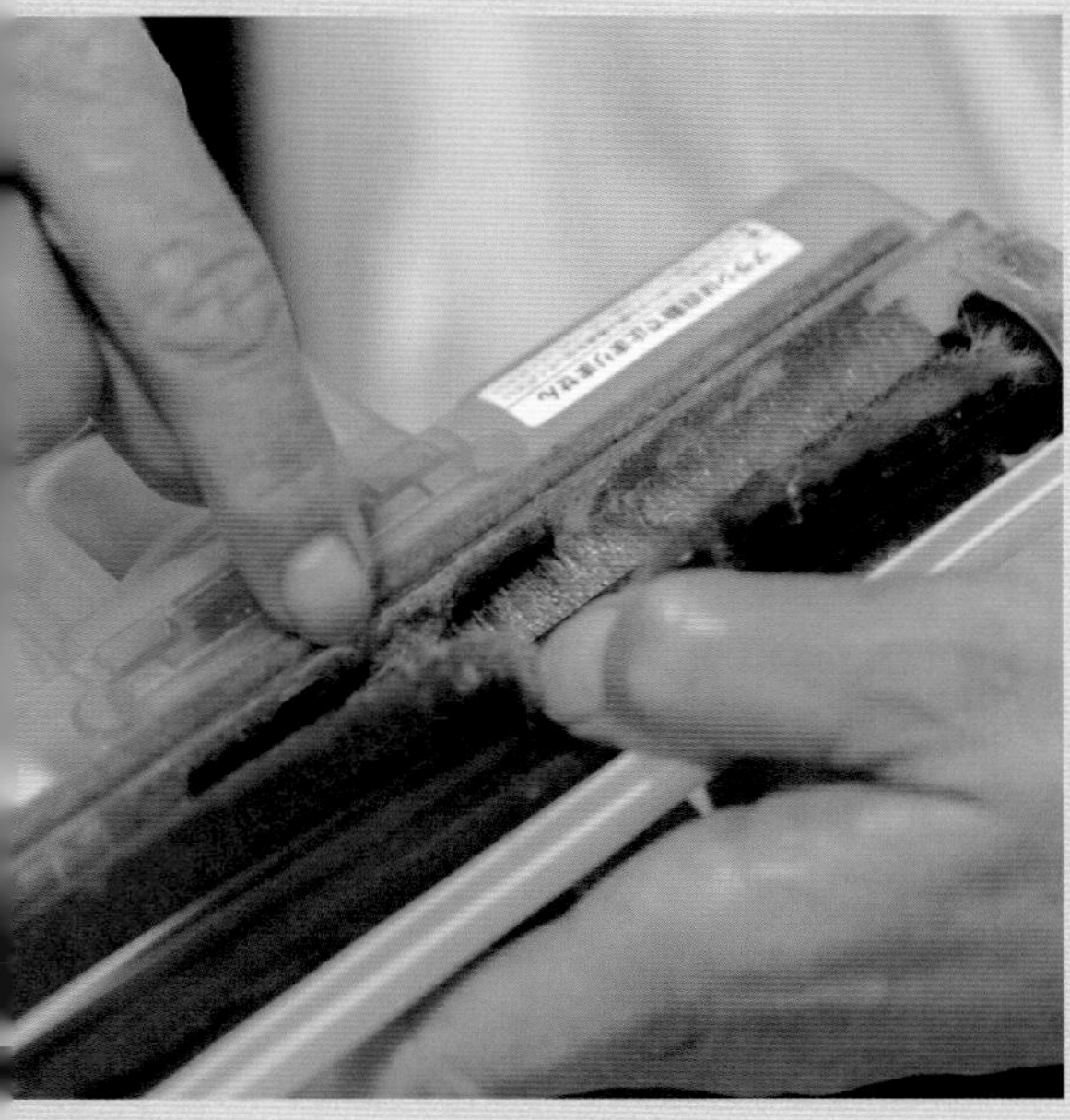

床と接するココをチェックしよう

モノをお手入れすることは、モノを長持ちさせること。掃除機のヘッドに注目してください。髪の毛やホコリが溜まっていたら、せっかくのパワーを発揮できません。

1 **ぐるぐる巻きついた髪の毛・糸くずをカット**

案の定、ヘッドにはいろいろ絡まっていました！ 髪の毛や糸くずは無理にとろうとせず、ハサミを入れて切っていくのがスムーズ。

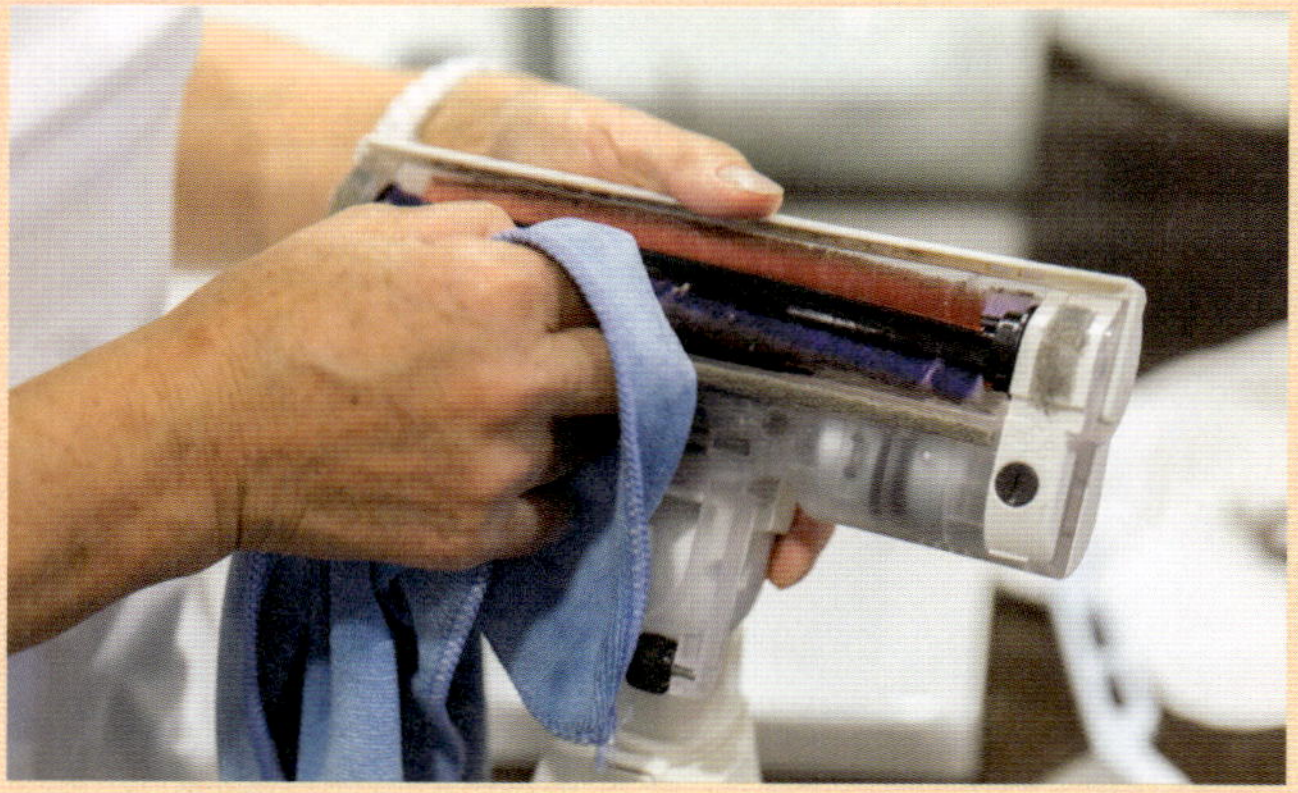

2 **掃除機のヘッド、そしてボディを磨こう**

絡まっているモノをとったら、濡らしたクロスでヘッドの汚れを拭き取りましょう。続いて、ホースや本体も拭いて新品のように蘇らせましょう。

出かける前に
ココ断捨離!

出かける前に
玄関1か所

三和土《たたき》には
靴も傘も
置かない

出かけるときの玄関と、帰ってきたときの玄関。

空間は、時間によって役割が変わります。朝は出口、夜は入口になります。私は一人でも、「いってきます」「ただいま」を必ず声に出して言います。

何事も入口と出口が必要です。入口から流れ込んできて、出口から流れ出ていく。入口と出口があってこそ流れるのです。

この大切な空間である玄関をキレイにして出かければ、帰ってきたとき、どんなに気持ちがよいでしょう。時間がなかったら、靴とスリッパだけでも空間から取り除きましょう。

靴はすべて靴箱へ。基本的に、靴箱からはみ出していたら数量オーバーです。タイムリミットがあるからこそ、そこで瞬時の判断をしてください。

玄関空間で存在感を発揮しているのが傘立てです。私がお宅訪問をすると、まず一番に目に飛び込んできます。

傘立てには何が入っているでしょうか？　もちろん傘が入っているのですが（それ以外のモノが入っているお宅も）、私の目には「無自覚」が入っていると映ります。

傘立てといえば、亡くなった母のことを思い出します。実家の傘立てには傘が20本ほど詰まっていました。一人暮らしなのに20本！　その7年前に亡くなった父の傘まで入っています。

「なんでこんなに入っているの？」と鬼娘である私が聞くと、「お客さんが来たときに、帰りに雨が降ったら貸してあげられるでしょう？」と母。お客さんなど久しく来ていないのにもかかわらず。車移動の地域ですから、たとえお客さんが来ても雨に濡れることはありません。傘立てにはそんな「念のため思考」も潜んでいるのです。

靴を購入したときの空き箱が積まれているお宅もあります。この家の主も「引っ越しするときのために」空き箱をとっているといいますが、引っ越しの予定があるわけではないのです。頭の中で捏造している「念のため思考」です。

大切な入口であり出口である玄関を、そんな「無自覚」なモノたちでふさいではなりません。モノがなければ、掃除もしやすくなります。清潔で美しい空間にしましょう。

出かける前から帰宅が愉しみになる

バタバタ準備をし、グチャグチャのまま出発すると、
外出先でモヤモヤを抱えることに。
帰るのが憂うつにすらなります。
その習慣、ここで逆回転させませんか？

守り神シーサーは2体1組
玄関では2体のシーサーが出迎えてくれます。1体は口を「あ」の字に、1体は口を閉じています。「あうん」、つまり始まりと終わりを意味します。

美しい玄関はウェルカムな空間

玄関マットをあえて三和土にハラリと置くのがやました流。ブータンで買った絹織物のマットにお客様はハッと足を止め、住人は心を和ませます。

出かける前に

ココ断捨離！

出かける前に 靴箱1か所

うまく
いかなかったら
3回
断捨離しよう

普段、どんな靴を履いていますか？　気に入った靴を軽やかに履いて出かけていますか？

「足＝行動」ですから、足に何を履かせるかはとても重要です。そこへの意識がぞんざいだとしたら、自分の行動を無意識・無自覚に規制しているようなもの。

私はデザインが気に入り、かつ履き心地のよい靴をシーズンごとに新しく。靴屋さんに出かけていき、気分で選びます。基本は3足か4足、パンプスとサンダルとスニーカーのラインナップです。

パンプスやミュールは履いて履き倒し、ワンシーズンで終わりです。

靴の断捨離は、イコール「靴箱の断捨離」。モノと空間はセットと考えています。モノ

1つひとつの美しさには、そのモノが収まる空間の美しさが必須です。

もし靴箱に、かつて履いていたけれどもう履いていない古い靴が収まっていたとしたら？　靴箱の大きさ、スペースは決まっているのですから、常に入れ替え、入れ替えしていきましょう。

わが家の靴箱は、一段に2足。棚板も一部取り外し、横だけでなく縦にも「間」をとっています。「間」をとることで、モノを飾る、ディスプレイすることができます。


靴箱の断捨離のコツは、「3回する」こと。


1回断捨離すると、履いていない古い靴が一掃されます。それでもまだ、履けるけれど履いていない靴、かつて好きだった靴などが残っています。

そこで2回目の断捨離をすると、ずいぶん絞り込まれます。さらにもう1回。

3回目には、モノに対する意識、空間に対する意識がガラッと変わっていることに気づくでしょう。

靴箱1段に1足か2足

ここにあるのは、履いている靴と
履きたい靴だけ。
「要・適・快」で絞り込んだら、
靴屋さんの棚になりました。

夫の靴は1用途1足
右扉は夫のスペース。上から
スリッパ、サンダル、革靴。
靴箱の板はできるだけ少な
く、空間を広くとります。

扉を開けると
愉快な仲間たち

靴箱の天井の扉には、ブレーカーの前に並ぶカラフルな狛犬と亀たちが。時々出会う愉快な仲間に心が弾みます。

余白たっぷりの幸せ

左扉は妻のスペース。ここにあるのはつっかけとマリンシューズ。空いたままの空間はあるほどうれしく。

普段履きのスペース

上の段からサンダル2足、夫のスニーカー、やましたひでこのスニーカー2足。靴屋さんのようなゆったりディスプレイで。

大澤ゆう子のお掃除ナビ

玄関マットもガムテの力で

這いつくばって、ペタペタ大作戦

玄関掃除、どうしてますか?
お部屋掃除のラストに、
玄関マット→三和土の順に
掃除機をかけていくのが
大澤流(もちろんその後は
掃除機のお手入れ)。
三和土にモノがなければ、
あっという間に終わります。

掃除機でとれないホコリはこうとる!

ガムテープを指に巻いて
コロコロがなくても掃除機がなくても、ガムテープがあれば気になるホコリをたちまち一掃!

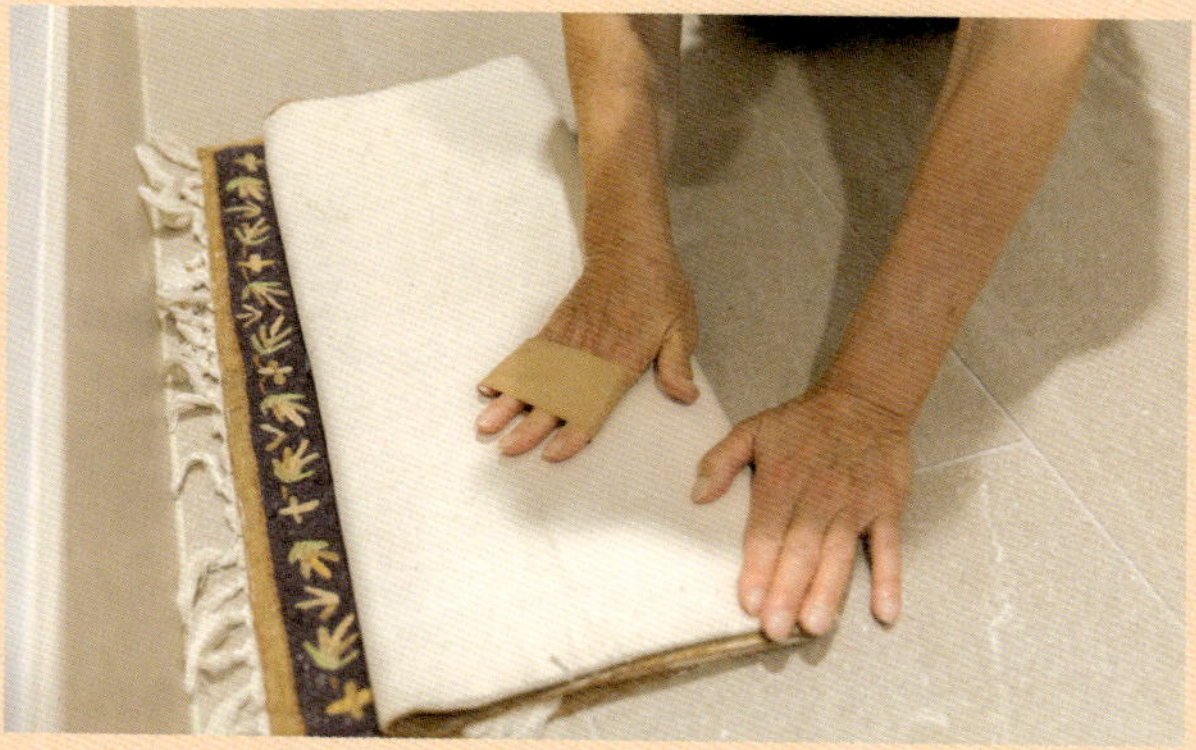

マットの裏は盲点。
ここもペタペタ

忘れがちなのがマットやカーペット、スリッパの裏側。「表面だけ整えて、裏をしないのはダメ。ちゃんと裏返して見て」

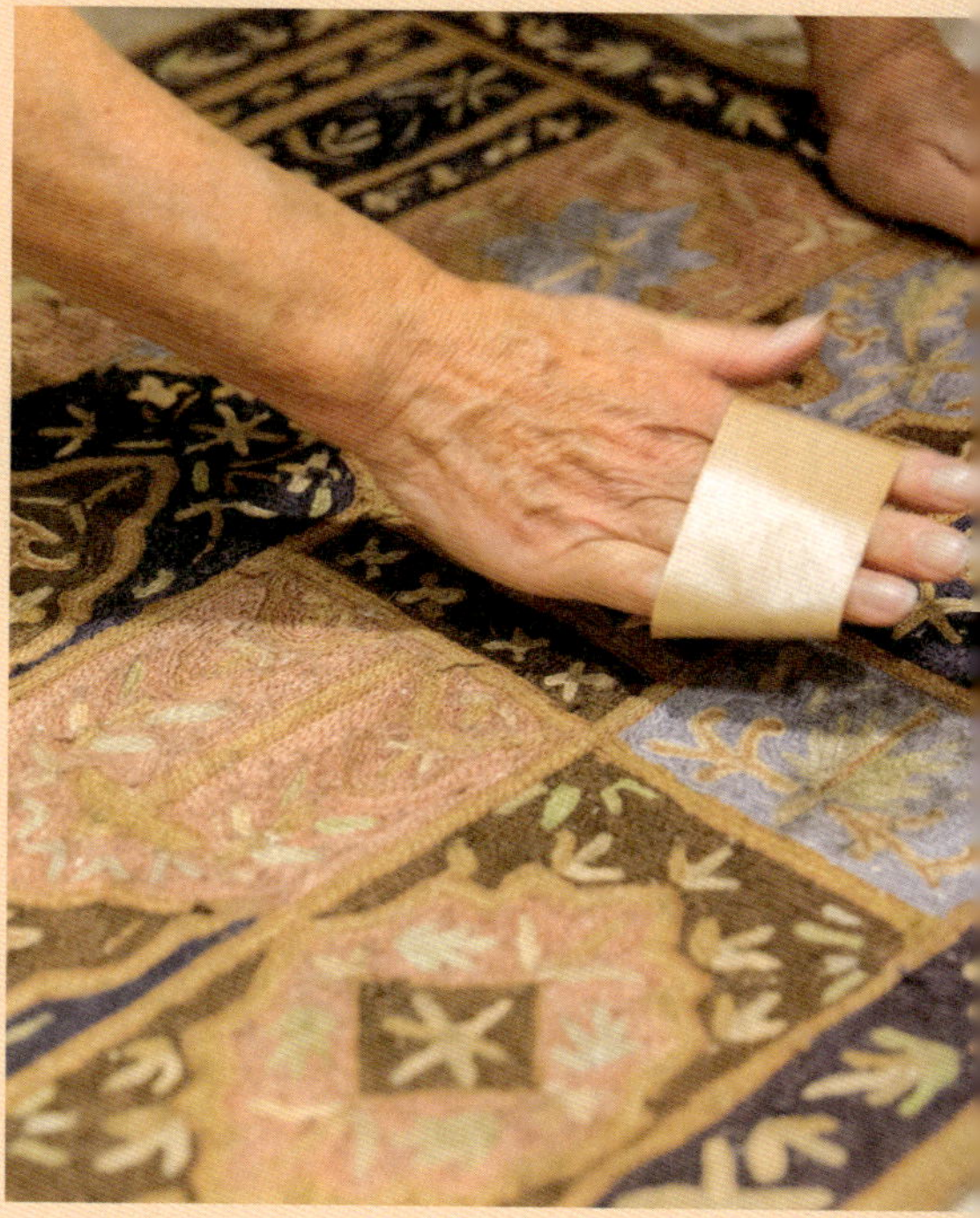

出かける前に
ココ断捨離！

出かける前に リビングダイニング 1か所

散らかったら
リセット、の
繰り返し

リビングとは居間。居間とは「今」ともいえます。つまりリビングとは「今、ここで過ごす空間」のこと。

かつて日本の家では、1つの部屋が茶の間になったり寝室になったり食堂になったりしていました。

私たち日本人の中には、空間は時間の経過によって機能、役割を変えていくという概念があります。そんなフレキシビリティが体の中に染みついています。1つの器を多用に使うことを一器多用（多様）といいますが、空間も同じ。リビングは一室多用（多様）なのです。

生活していたらリビングが散らかるのは当たり前のこと。出かける前の断捨離で、リビングをゼロリセットしましょう。すると帰宅したとき、モノに煩わされることなく、食事をしたり勉強したりと次の行動にすぐ移れます。

今住んでいる、ここ沖縄の新しいマンションは、フルオープン仕様のため開放感があります。キッチンはアイランドタイプでぐるっと一周でき、そのまま動線が浴室へ、玄関廊下へと続きます。この「行き止まりがない」間取りが気に入っています。

ただ、家具は引っ越し前の家に合わせているため、ダイニングテーブルがやや大きすぎる感も。家具には適正サイズがあります。たいていのお宅は大きすぎるソファがあるのではないでしょうか。

私は、日本の家にソファはフィットしないと考えています。「空間が狭い、役割を固定させる、使いこなせない」という3つの問題があるからです。空間を自在に愉しむ一器多用を損なっているからです。わが家のリビングにソファはなく、このダイニングテーブルで食事も仕事も宴会もします。


そして、私は模様替えが大好き。

昨日は、大きめの食器棚を2つ移動しました。いったん食器をすべて出し、棚を移動して、また食器を戻します。これは、食器の数を絞っているからこそできること。家具の脚には「カグスベール」を貼っているため、ゆっくり動かせば1人でも問題ありません。

このように家具を好きな位置に動かせる、空間の自由度を重視しています。部屋じたいがぎゅうぎゅうだったら、家具を動かそうという気になりません。同じように、引き出しの中も模様替えします。大きな配置換え、小さな配置換えを常にしています。

これは洋服を着替えることと同じ。着替えたら気分が変わりますよね。気分を変えるために着替えることもあります。ところがみな、おうちの着替えはしないのです。カーテンも壁紙もそのまんま。「お金がかかるから」と言う人もいますが、手間をかければお金をかけずにできることは多々あります。

私にとって模様替えは遊びです。正解のないことをしているため、終わりがありません。一瞬いいなと満足しても、翌日に見たら気分が変わり、「何か違うな」と感じてしまう。またそれが愉しいのです。

私たちは現在位置から物事を見ています。物理的な位置で視点が決まります。同じ場所にいると、そこからの景色しか見えないため、イメージが固定してしまいます。だからこそ、

わが書斎は
ダイニングテーブル

仕事中はパソコンにプリントにペンにコーヒーを盛大に広げて。作業が終わるやテーブルの上からモノを一斉撤去。何事も始末をつけて、次へ。


ときどき視点を変えることは大事。それが模様替えです。

視点を変えることによって、相手そのものにはなれないけれど、相手の立場がわかるようになる。どこから見るか、見上げているのか、見下ろしているのか。心に対する作用が全く違います。

いろいろな立ち位置をみずから作る。

家の中でもそうしています。

床にモノがあるほど人生の足かせになる

床は、家にある一番大きな水平面です。そして、私たちは水平面に何かを置く癖があります。床にせよ、テーブルにせよ、カウンターにせよ、どの水平面もモノの置き場ではありません。

それぞれの水平面にはそれぞれの「お役目」があります。床はくつろぐ場所であり歩く場所。家具が置かれる場所でもあります。テーブルは食卓であり書斎であり団らんの場としてのお役目があります。

そのお役目を認識せず、ただモノ置き場に使うことは、場のお役目も、モノのお役目も生かしていないということ。その意識は、じつは自分自身の役割を生かしていないことと相似象ですね。

脚付き家具で床が広くなる
床の水平面が広いほど行動的に。モノの床置きは一切ナシ。脚付きの家具でお掃除ロボットもスイスイ動き回れます。

モノと空間のお役目を無視することの弊害についてお話ししましょう。天井裏収納など上にモノをため込んでおくのは「重石《おもし》」となります。平行移動の廊下や階段にモノを置きっぱなしにしていると「障害」になります。そして、床にモノを置くことは「足かせ」です。

つまり、大切な水平面にやたらモノを置いてしまうと、人生の重石になり障害になり足かせになるということ。

さあ、今すぐ水平面からモノを取り除きましょう！

ダイニングテーブル——食事が終わったら「ゼロ」に戻す

食事をするダイニングテーブルの上に、書類が山積みになっている家があります。あるいは調味料セットが幅を利かせ、テーブルの端で小さくなって食事しているお宅も。

「床」のページでもお話したとおり、テーブルにはテーブルの「お役目」があります。テーブルに収納やモノ置き場というお役目はありません。

テーブルは、食事をし、勉強をし、ミーティングをしたり人が集ったりとフレキシブルに使える場所。そのお役目を果たしているときは、めいっぱいモノを広げ、のびのびと使います。そして、お役目が終わったら、ゼロベースに戻す。すると次のお役目へとスムーズに移れるのです。

水平面には力がある——。これは私の確信です。水平面をキレイにすると、部屋全体がキレイに映《うつ》る。そして心までスッキリしてきます。床という水平面にも力がありますが、テーブルは大きくて高さがあるため、圧倒的な力があります。それゆえ、「ちょい置き」

をしてしまいがちな場所。このテーブルの置き癖を直しましょう。

思考習慣の上に生活習慣があります。そして生活習慣の結果がテーブルの上に現れます。テーブルを変えることで生活習慣が変わり、思考習慣も変わっていくのです。

みな、悪い癖があると、思考習慣から変えようとするのですが、それはムリ。行動から変えていく。見えるところから見えないところへ逆回転させるのです。

私たちがちょい置きしてしまう理由は、モノを片づけるアクションが少ないからです。扉を開けて、中の引き出しに入れるのはワンアクションですが、テーブルに置いてしまえば、そのアクションもいりません。また、モノをしまったらどこへ行ってしまうかわからないため、置いておけば行方不明にならずに安心という意識もあります。

基本、私たちは元に戻す、しまうことがとても苦手。意識が前に向いているため、もう次のことをしようとしている。いちいち扉を開けてしまってなどいられず、ポンと置いてしまうのです。

せめてテーブルだけには何も置かない！と決めましょう。この意識がテーブルから床へ、カウンターへと別の水平面に広がっていきます。小さなこと、そのつど方式の積み重ねで、人生が変わっていきます。まずは一歩としてテーブルの自由度を高めましょう。

模様替えのたびに
生まれ変わるリビング

ダイニングテーブルも食器棚も右手のベンチも石川県の生活アート工房のオーダーメイド品。たびたびの配置換えを愉しんでいます。

「お役目」いろいろ
ダイニングテーブル

床、カウンター、テーブルなどの水平面には
それぞれ「お役目」があります。なかでも
ダイニングテーブルは食事に仕事に団欒にと大活躍。

語り笑う
かけがえのない時間
気心の知れた仲間とのおしゃべりは疲れも吹き飛ばすひとときき。大きなダイニングテーブルで座り方は自由自在。

サイドテーブル、今日の「お役目」は？
キャスターで移動しながら、お客さまのお茶を出したり、部屋のコーナーで飾り棚と化したり、今日も大活躍。

アートはしばしば愛《め》で、次の主人のもとへ

「この絵、素敵ね」と言ってくれた人を覚えておき、
そろそろいいかなと思ったら、その人にまず声掛けを。
アート作品もダンシャリサイクル。

なじみのお店からやって来たシーサー
那覇の壺屋やちむん通りにある、長いつきあいのある女主人のお店から。彼女が選んだのはこの凛々しいシーサー。

金の糸で織られた反物《たんもの》のアート
リビングの壁にあるのは、京都・龍村《たつむら》光峯《こうほう》で出会ったアート。1枚の反物を切って額縁に収めています。裏に金の糸の馬が浮かび上がります。

窓辺をにぎわす やちむんの壺
水平面に1つだけ置く。これがアートを美しく際立たせるコツ。これさえすれば、あらゆるモノがアートになります。

リビング一角の収納が書斎

LDK に書斎も兼ねているやました家。仕事のアイテム、
家族の書類・必需品はここで「一元管理」しています。

キッチン横にある
1畳のスペース

アイランドキッチンの横にある、使い勝手のいいロケーション。必要なモノはここにある！ 探し物いらずの空間です。

手が届きにくい
床置きはナシ

モノの出し入れは自然な姿勢でできる空間で。腰をかがめる下段は空白のまま、上段にはアートを飾って。

上下もゆったり。一空間を大きく使う

棚板を間引いて空間にゆとりを。メガネ（中）と文具（右）、そして左手のケースには神社をマネて小銭を積んでみました。

デスクトップもプリンターも扉の中に収まって

めったに出番のない大画面デスクトップPCもここならホコリ知らず。「見えない収納」もインテリアを意識します。

上の段が本棚に。まだまだ余裕あります

本棚はブックスタンドを使わず、ファイルボックスを並べて。2段目は衛生コーナー、下の段は愛犬グッズコーナー。

大澤ゆう子のお掃除ナビ

窓ガラスお掃除

濡れ拭きと乾拭きの2枚づかい

窓ガラスぴかぴかレッスン

窓ガラスは心の窓。カーテンを開けて窓をキレイにすると、部屋の景色が変わるだけでなく、オープンマインドになるから不思議。住空間も生活も循環がよくなります。さあ、窓ガラス掃除がスイスイ進むこの方法でやってみましょう。

1 窓に洗剤をシュッと。液だれしない方法

クロスを敷いて「※印」に吹きかける
窓ガラスに直接、洗剤を吹きかける場合は「※」の字を描くように。液だれに備えて、ガラスの下に新聞や掃除用タオルを敷いて。

2 濡れタオルをドライタオルが追いかける

下から上へコの字に拭いていく
左手のタオルで洗剤をのばし、右手のタオルでそれを追いかけ乾拭きします。液だれ防止のため下から上へ、コの字を描きながら進みます。

網戸レッスン

1 ウェット&ドライのクロスを両手に

網戸→窓ガラスの順で
網戸のほうが汚れているため、掃除は網戸→窓ガラスの順で。クロスはきちんと畳んで4面、裏返せば８面使います。

2 網戸をはさんで一気にてっぺんへ

意外と汚れている網戸は、一番下から一番上へ「はさみ拭き」。さらに下へ、また上へと屈伸運動します。

3 上の方は手をのばし、ストレッチ運動で

窓枠をぐるりと仕上げ
窓ガラスを下から上へ拭きあげていったら、窓枠をぐるりと拭いて終わり。これを室内と外の両面すればピカピカです。

4 窓の桟《さん》もキレイにしましょ

風雨にさらされ、汚れがいっぱい
タオルに指を入れて窓枠や桟の汚れを拭きとっていきます。隙間のガンコ汚れには竹串で。

大澤ゆう子の
お掃除ナビ

洗剤の断捨離

極論、この3本でいい

無数の洗剤が収納場所をとって困る……という方は、ぜひ商品裏の内容表示の確認を。洗剤は左の表のとおり、酸性からアルカリ性まで多岐にわたりますが、同じ用途の洗剤を1つにまとめることもできます。

汚れには、これ1本

食器洗いや洗濯、家の汚れ（軽度）を落としたいとき、極論をいえば、ウタマロクリーナーなど中性洗剤1本あれば応用が利きます

漂白剤なら、この2本

漂白剤には、大きく分けて塩素系と酸素系があります。塩素系はカビ取りに対応。オススメ商品は使い勝手がいいキッチン泡ハイター。ウイルス性吐《と》瀉物《しゃぶつ》の除菌にもこれで。

酸素系は油汚れに強い過炭酸ナトリウム。商品はオキシクリーン、酸素系漂白剤（シャボン玉石けん）など。冷蔵庫の庫内掃除、布巾の漂白に。色抜けせずニオイもないため比較的安全。

商品名の違う同じ洗剤がいっぱい

汚れと洗剤をどうマッチさせる？

同じ用途でも場所別に販売されているもの（カビ取り剤など）、同じ商品名でも用途が違うもの（「ハイター」など）があります。相手（汚れ）にどう対峙するか、見極めることが大切です。商品によって配合が違うので注意を。

酸性

弱酸性

中性

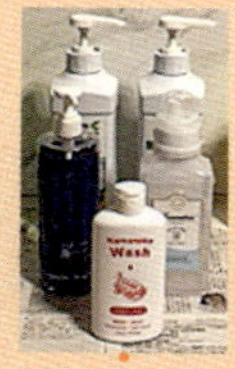

弱アルカリ性

アルカリ性

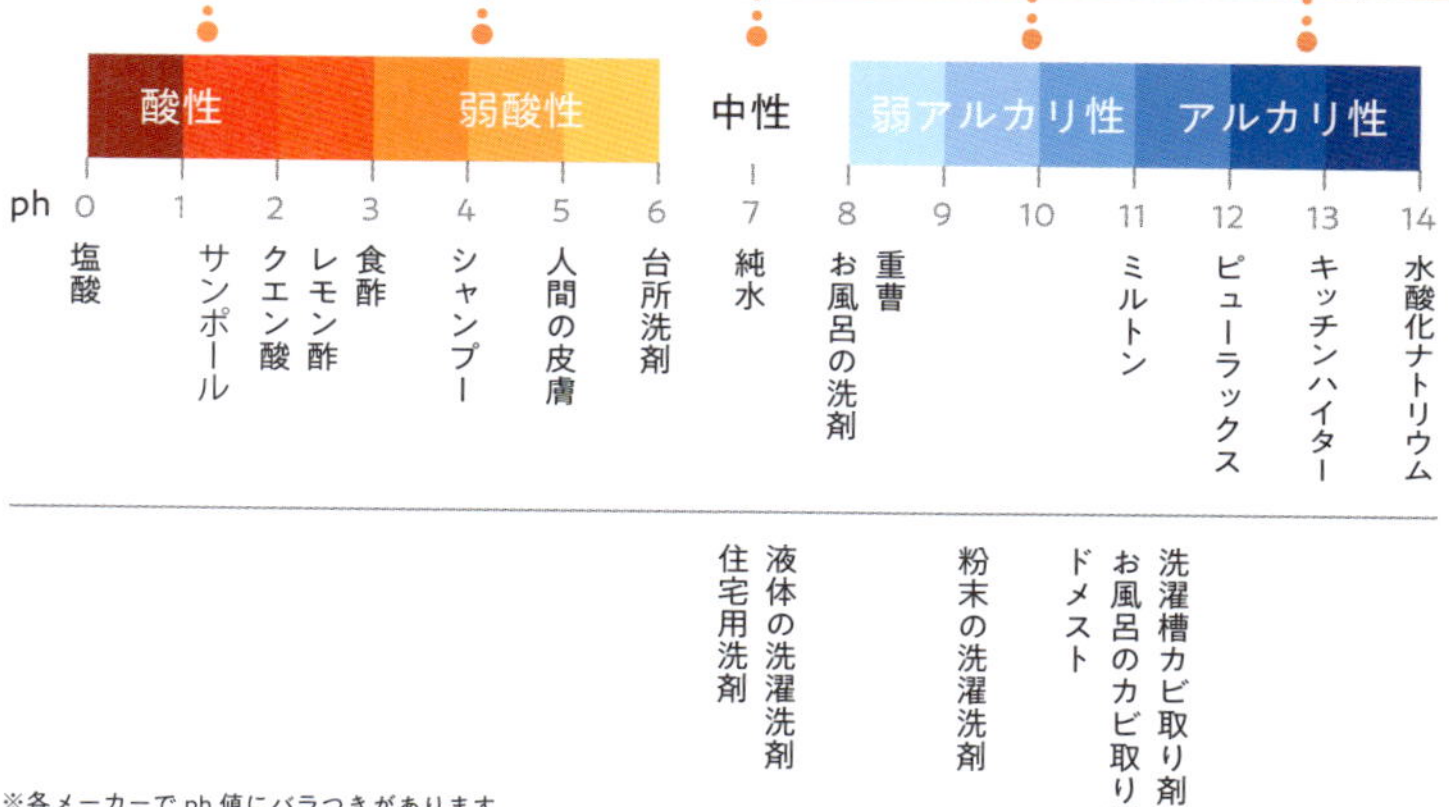

※各メーカーでph値にバラつきがあります

ひでこ方式
PART 1

両面テープのアイデア保管法

やましたひでこが何気なくやっている、
カンタンだけど目《メ》鱗《ウロコ》な日常のワザ。
両面テープのベタベタ、
どうしてますか？

ジャストサイズのジップロックがいい
両面テープのベタベタに汚れがついたり、他の文具とくっつきっこしたり。すっぽり入るファスナー付き密閉袋で解決します。

両面テープもガムテも安心
ガムテープもビニールテープもベタベタから逃れられません。コロコロ転がって迷子になることも同時に防止。

第3章

寝る前にできる！

1日1か所断捨離

始末して
今日を終える
すがすがしい
明日が始まる

「ついでの１か所」、どこにする？

「寝る前断捨離」は水回りと寝室を。キッチンの断捨離は、食後の後始末の「ついでの１か所」で進みます。

寝る前にやってみよう！

断捨離トレーニング

2
寝る前にちょっと時間をとる
3
1か所モノを断捨離する
4
スッキリを味わう

コスパ、タイパで解決しない
――「今、ここ」を愉しむ断捨離

本章では「寝る前にできる断捨離」をご紹介します。「出かける前」に続いて「寝る前」。これまた時間のないときを……とお思いの方は、もう一度、「制限の効用」について確認しておきましょう。

「いつでも好きなときに自分のペースで断捨離しましょう」と言われて、今すぐ始める人はいるでしょうか。これまで「できない」「動けない」「時間がない」と言っていた人が、急にダンシャリアンに変身するでしょうか。

「寝る前」という限られた時間を使うことで、そこにエネルギーを集中させるのです。

寝るための準備を少しだけ早く始めてみる。

この「寝る前の断捨離」によって、気持ちよい眠りと気持ちよい目覚めという、大きなリターンを得ることができます。

夜、清潔なシーツにくるまれて眠ったら気持ちいいですよね。朝、起きたときにシンク

眠気に負けそうな夜は

「寝る前断捨離」のポイントは、「気持ちいい」と感じること。「苦しい」と感じたら睡眠を優先させましょう。

がピカピカになっていたら気持ちいいですよね。逆に、シンクに器が山盛りになっていたら悲しいですよね。

この五感で「うれしい」「愉しい」「気持ちいい」と感じることは、「じゃあ次も断捨離しよう」という原動力になります。

小さいところを1か所でいいのです。引き出しの一部、冷蔵庫の一段でもいいのです。そこを放置しているから大変なあり様になっていくのであって、そこに1つでも手をつけることが肝心です。

とはいえ、1日の終わりはみな、疲れています。眠たいのを我慢してがんばりましょう！というつもりはありません。

ぜひ自分の眠気を優先してください。眠くなったらさっさと寝る。「やらなきゃ」と思いながら「眠たくてできない」とグズグズしてしまったら本末転倒。その日に成し遂げられなかったことを夜更かしをして挽回しようとする「リベンジ夜更かし」はご法度《はっと》。身体の欲求に従うことは大切です。

そして誤解してほしくないのですが、本書では「出かける前」「寝る前」という限られた時間を効率よく使いましょうと推奨しているのではありません。

コスパ、タイパという言葉があります。と思ったら、スペパ（スペースパフォーマンス）なんて言葉も聞くようになりました。

常に「効率的なこと」がもてはやされています。たしかに早いことに価値はありますが、早さばかりを求めているとおかしなことになります。

早く終わったところで、余った時間にまた何かを詰める。つまり収納と同じです。空間に隙間を作っては詰め込んでいます。余白と余韻と余力がないのです。

みんな、急ぎすぎているんですね。物事をバンと終わらせてしまって、余韻を愉しむという感覚がありません。バンではなく、バーーーーンという響き、振動がありません。

本来、そこに価値があるのに。ムダも寄り道も必要です。

私は先日、夜遅くから片づけを始めました。その時間を持てたことがうれしく、つい寝ずに断捨離してしまいました。時間に余裕があると、こんなに片づけを愉しめるのだと実感したのです。

だとしたら、時間的にもエネルギー的にも余裕がなければ、愉しめるはずがありません。子育てをしながら仕事をし、ごはんを作ってとやっていたら……。それをタイパ、スペパなどと効率で解決しようとすると、余計に追い立てられた気持ちになるでしょう。

だから私は伝えたいのです。

モノが減ったら時間、空間、エネルギーは必ず戻ってきますよ、と。モノがここからなくなれば、空間がリセットされて、すると同時に、自分の頭も気持ちもリセットされる。断捨離はその繰り返しです。

そうしてこそ「今、ここ」を愉しめるようになるのです。

寝る前に

ココ断捨離！

寝る前にキッチン1か所

ついでの「1か所」で
翌朝
気持ちいい

寝る前にする断捨離の筆頭は「水回り」です。

夕食、入浴など、水回りを使う機会はたくさん。その「ついでに」、いつも手をつけていなかった1か所を断捨離してみませんか？

まずキッチンの断捨離を。食器洗いや作業台の後始末のついでに、1つ引き出しを開けてみましょう。

キッチンには穴場の引き出しが意外とあります。

引き出しの数が多いぶん、1つの引き出しに収めるアイテムは極力絞り込みたいもの。**自分の意識できるキャパシティーと照らし合わせたら「1引き出し1アイテム」くらいでないと使いこなせないと感じます。**お玉やフライ返しの引き出し、鍋・フライパンの引き出し、あらゆる袋が集合した引き出しなど。なかには「1引き出し100アイテム」のお宅もありますからね。なくしもの、探しもので疲弊してしまいます。

モノを減らして「1引き出し1アイテム」を意識し、取り出すとき、しまうときに余計なエネルギーを使わないようにしましょう。


私が沖縄の家で気に入っているのは、キッチンがオープンなところ。

以前の家もそれなりにオープンだったのですが、ここはオープン＋回遊型で行き止まりがありません。こちらからも行ける、あちらからも行ける、どう行ってもOK。そんな行き止まりのない住居空間がほしかったのです。行き止まりがないということは、人生に行き止まりがない、行き詰まりがないということ。

せっかく回遊型で設計されたキッチンなのに片方にモノを置いてしまう人がいます。反対側から回ればいいと考えているのでしょうが、それだけ自分に対して自由度を下げています。それに対してイライラしている。まず、ふさいでいるモノをなくし、詰まりをとりましょう。

キッチンは、「1引き出し1アイテム」で快適

思いのほか、多くのモノを管理できない私たち。「1つの引き出しに、同じ用途のアイテムを」と心得ておけば間違いありません。

鍋とセットで使う道具はここに
お玉やフライ返しやトングはコンロ横の引き出しに。キュートな鍋つかみが引き出しを彩ります。割り箸と簀の子もここに。

火の回りコーナーで待機してます
コンロ下の大きな引き出しには、大・中・小3つのクリステルの鍋が待機。重ねられるタイプですが、重ねずワンアクションで使います。

コンロ側には
引き出しが８つ

大きな引き出しから小さな引き出しまで。「いつどこで何をする？」を問いかけながら、アイテムを収めていきます。

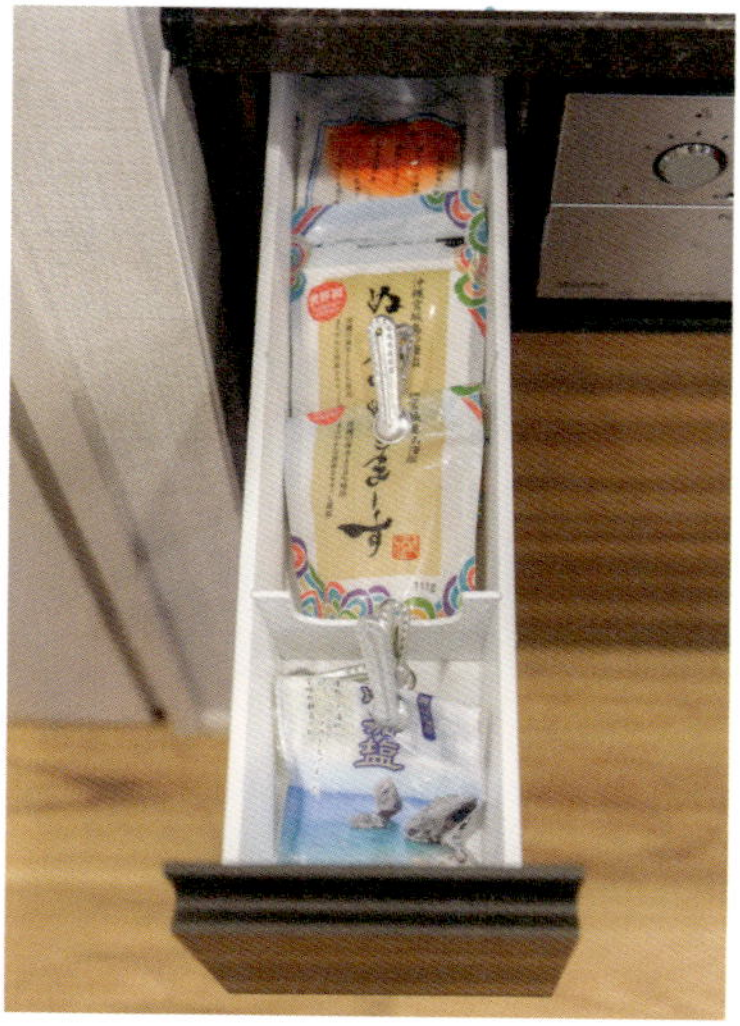

「穴場の引き出し」には
使いかけ調味料

コンロ下の端っこにあるミニ引き出しには、３種類の塩のストックが。強力クリップは使いかけの合図です。

コンロ側の引き出し、1つひとつに「世界」

引き続き、コンロ側の引き出しを公開。
「1引き出し1アイテム」の原則のもと、
「要・不要」を徹底吟味した
キッチングッズが収まります。

ラップやペーパーはストックを持ちません

ラップや水切りストッキング、キッチンペーパーが一目瞭然。使い切る前に買い足すのでストックはナシ。スポンジのみ6つ用意。

お掃除グッズは1か所に

右端の下部にはお掃除グッズがひとまとめ。ゴミ袋もここに。洗剤は数を厳選して。不潔になりやすいブラシやタワシは置きません。

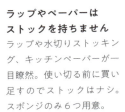

ハラハラ置きで
迷子にならない

キッチンでも重宝するハサミは２つ。手前には皮むき、しゃもじ、栓抜き。奥におろし器、計量カップ、クリップでまとめたコーヒーフィルター。

「１引き出しに１つ」でいいんです！

取っ手が外せるクリステルのフライパン。左の引き出しには大サイズが１つ、右には中・小２つを重ねて。

足どりも軽くなる アイランドキッチン

リビングへ洗面所へと抜ける
回遊型キッチンは、ついここに立って
動き回りたくなります。引き出しは、
シンク周りの用途に合わせた3つ。

**オープンだから
キレイを保ちたくなる**

誰が立ち入ってもウェルカム。どこにも隠れる場所のないキッチンは、床置き1つ許されません。日々のお手入れも愉しくなります。

**大きな引き出しに
たったこれだけ**

フライパンに鍋敷き、ボウル2つに水切り2つ。ニトリの滑り止めシートを敷いて。真ん中のタオルは水道管を保護する役割も。

シンク下で出番を待つ刃物たち

一番使いやすい場所で待機する包丁３本。食材を切ったらすぐ洗い、ペーパーで水気を切って元の場所へ。

まな板は風通しのいい引き出しで

調味料が並ぶことも多いこの引き出しに、まな板とおろし器を立てて保管。

調理台――キッチンアイテムは見た目重視

機能美なる言葉のとおり、美しいデザインは
概して機能性も備えているもの。
見て愉しい、使って愉しいアイテムたち。

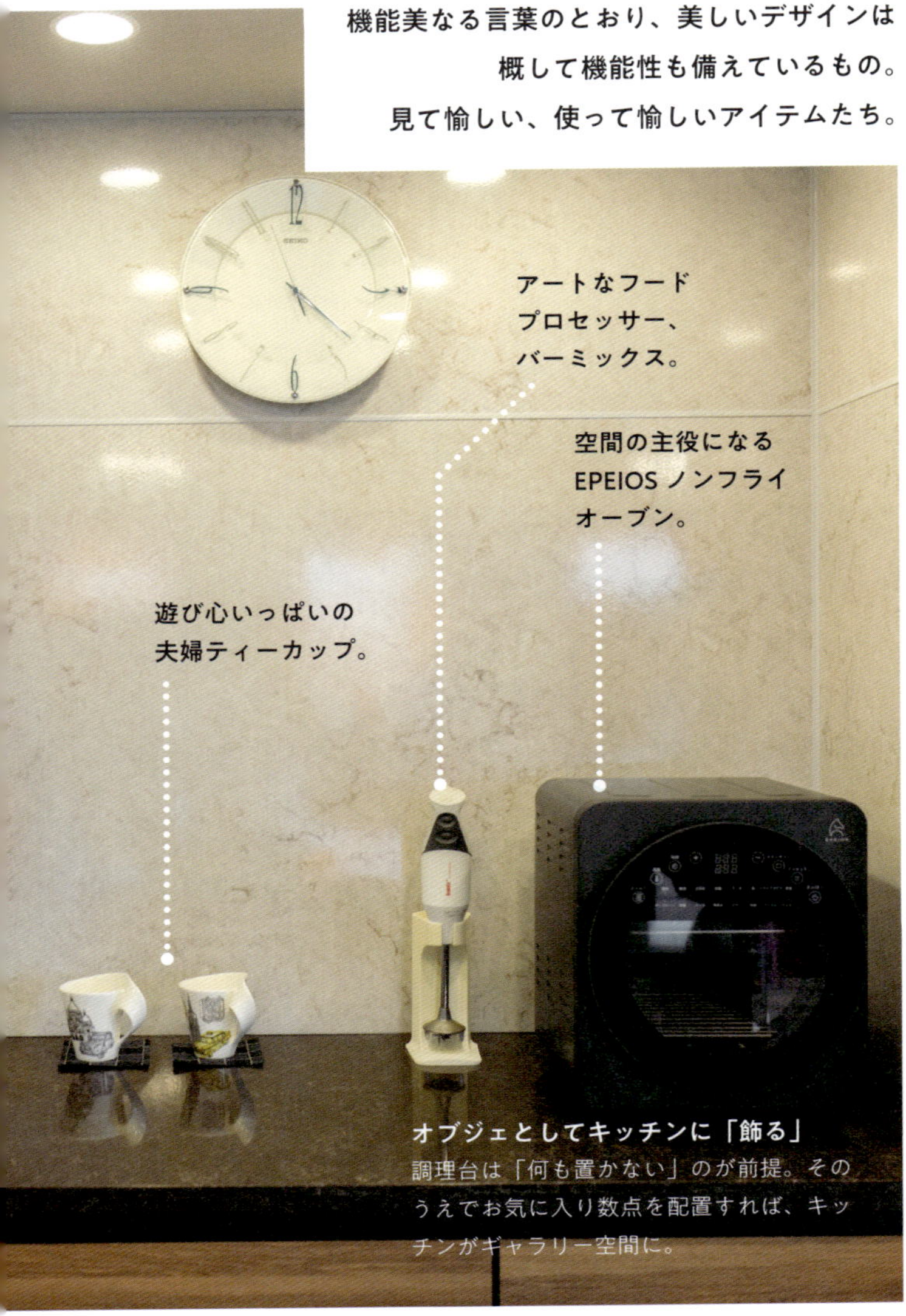

アートなフード
プロセッサー、
バーミックス。
空間の主役になる
EPEIOS ノンフライ
オーブン。
遊び心いっぱいの
夫婦ティーカップ。

オブジェとしてキッチンに「飾る」
調理台は「何も置かない」のが前提。そのうえでお気に入り数点を配置すれば、キッチンがギャラリー空間に。

調理のたびのお手入れで
ピカピカキープ

大きな三口コンロは、「そのつどお手入れ」が基本。ここを光らせると料理の熱も高まります。見えない換気扇や魚焼きグリルも忘れずに。

美しい立ち姿、
BALMUDAの
電気ケトル。

これは重宝！
調味料レシピ付き軽量カップ

手作りマヨネーズもドレッシングもこれでカンタン！ 調味料の分量を教えてくれる、賢い計量カップ。

ひでこ方式 PART 2

最初にハサミを入れて「ハイどうぞ」

やましたひでこが何気なくやっている、カンタンだけど目鱗な日常のワザ。「最初のひと手間」がここにもありました！

1 ドリップコーヒーの袋にハサミを入れます

破った袋の端から１バッグずつ引っ張り出していませんか？「最初にハサミを入れる」を習慣にすると家事が変わります。

2 袋の切った部分を折り返して

ハサミを入れたら、ここをキレイに折り返して。オシャレな箱に移し替えなくても、このままオシャレに変身します。

3 ね、取り出しやすいでしょ

手間（アクション）が多いほど面倒と感じる私たち。ワンアクションで愉しいコーヒータイムが始まります。

**「商品ラベルは
トル！」の法則**

調味料からペットボトル、掃除用具まで、目にうるさい商品ラベルは外して保管します。

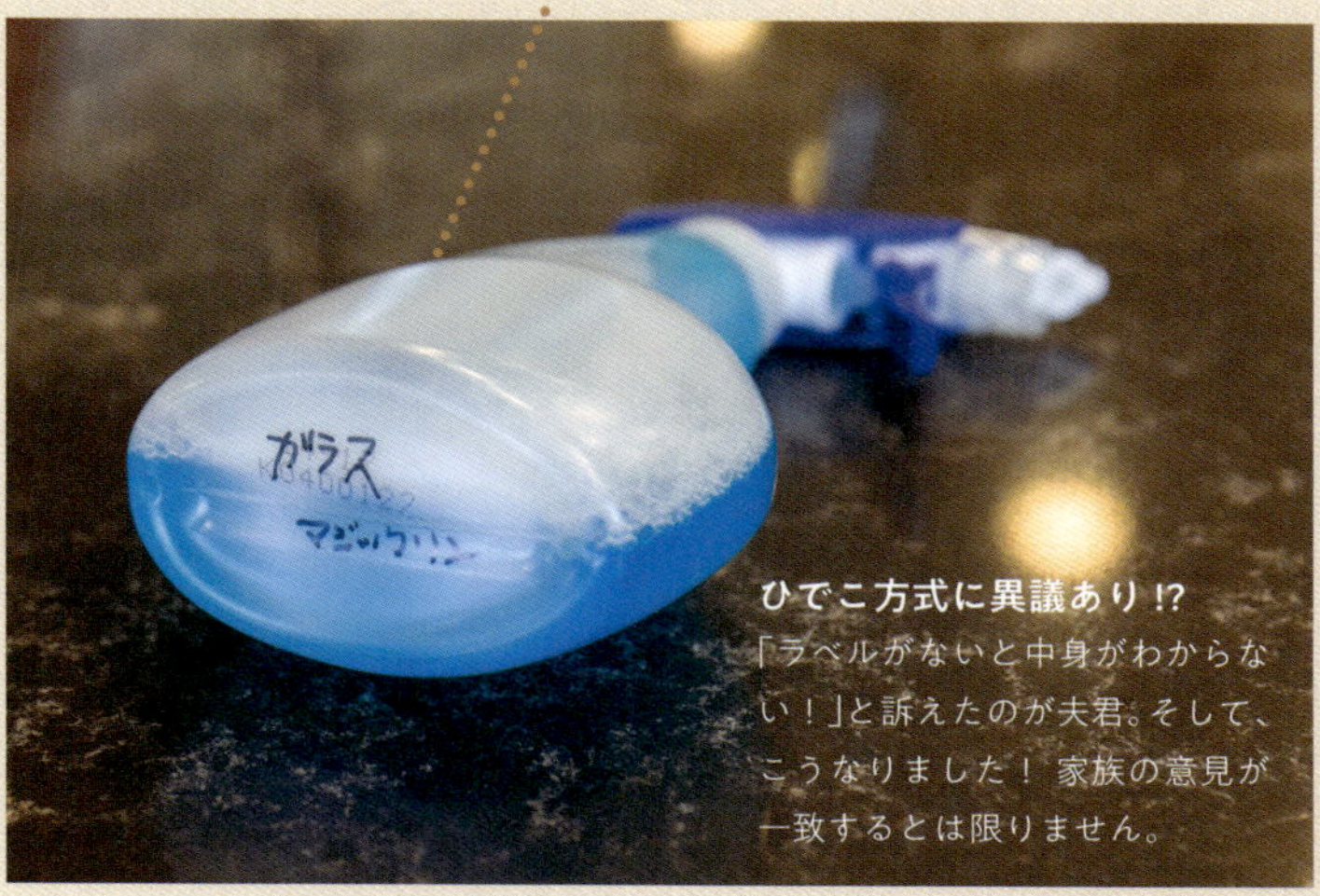

ひでこ方式に異議あり!?

「ラベルがないと中身がわからない！」と訴えたのが夫君。そして、こうなりました！ 家族の意見が一致するとは限りません。

シンク
――「溜める」とうんざり、「そのつど」でスッキリ

排水口のヌメりとり、お好きですか？　わが家の排水口はそもそもヌメりません。ヌメりとりの強力洗剤があることが信じられないほど。毎日お手入れをしていれば、多少ヌメったとしても、さっと拭って一瞬でキレイになります。先送りすればするほど、面倒でおぞましい光景になります。

多くの人は嬉々として料理をするものの、後始末を嫌がります。後始末は原状回復です。そのつど、こまめにすることが最もカンタン！

ところが、ここで「満タン思考」を発揮する人がいます。食器洗い機を満タンになってから回そうとするように、シンクの掃除もまとめてしようとします。そのほうが効率がいいと思っているのですが、じつはイライラのコストを払っています。

家事を効率化することが生活の知恵だと思っているのです。家事はプロセスを愉しむもの。結果は一瞬ですぐ消えていくものですから、プロセスを愉しむ。それが極意です。作

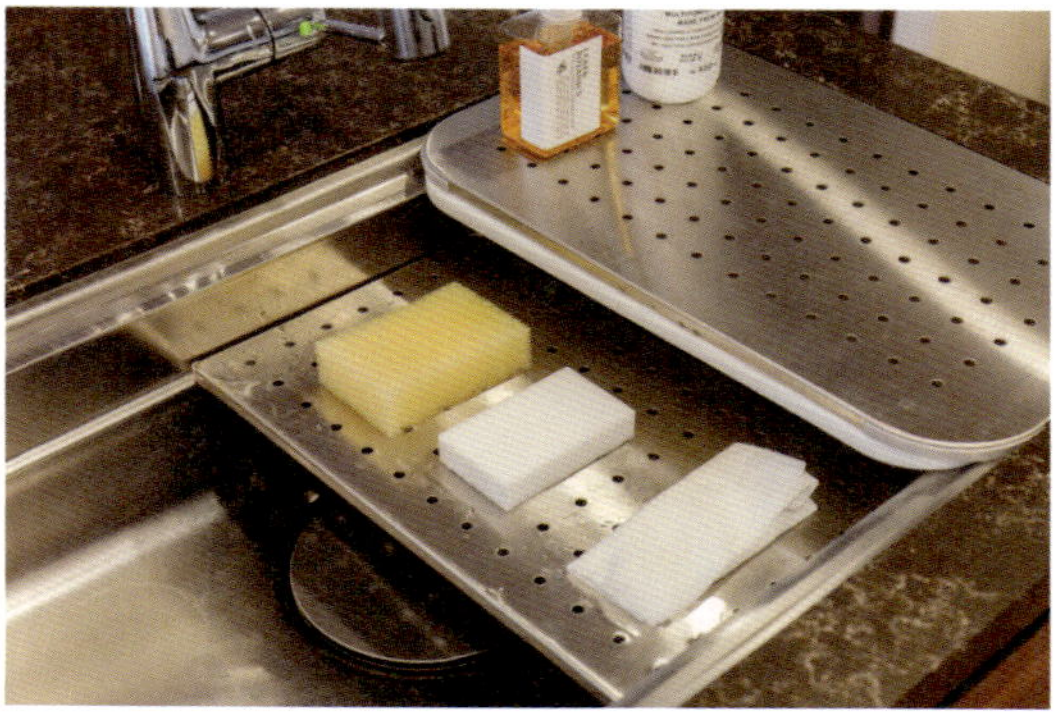

スポンジもペーパーも清潔第一
キッチンで使う消耗品は使い捨てが基本。スポンジは3日ローテーション、ペーパーは食器拭き→作業台→シンク（あるいは床）を拭いてポイ。

ここに身を潜めてます
使用期間中のスポンジは、よく洗って水気をとり、この下で待機。シンクには「何もない」をキープします。

っているのが愉しい、掃除するのが愉しいという感覚。効率化に愉しさはありません。

愉しいと思えるには「量」がキーワード。どんなことでも、たくさんあるとうんざりします。だからモノを絞り、選び抜く。愉しむためには「あっ、私にもできるんだ」という想定の範囲内ですること。「ちょっとがんばればできる」と思えることが肝心で、「これはがんばってもできない」と思うと苦しいのです。

冷蔵庫
——食欲が湧いてくる「お絵描き」をしよう

キッチンの後片づけをするついでに、冷蔵庫の1か所、断捨離しよう！　そう決めたら、何をしたらよいのでしょうか。

まず、あなたの冷蔵庫を「俯瞰」してみてください。どんな光景が広がっていますか。もし冷蔵庫内がぎゅうぎゅうなら、それはヘドロが詰まっているということ。冷蔵庫のごく一部、上澄みの食品だけを食べているともいえます。

私たちは毎日、気分でものを食べています。結局、食べたいものを買ってくるため、冷蔵庫はおのずと溜まるようにできています。食べ残しの食品や使いきれない食材など、ある程度ムダが出るのも仕方のないこと。

だからこそ、定期的な浚渫《しゅんせつ》が必要です。浚渫とは、海や川の水底をさらって土砂を取り除くこと。

私はその浚渫を毎日しているといえます。冷蔵庫の食品・食材に向き合って、「今日食べたいものはどれ?」「今日の主役はどれ?」「じゃあ脇役は?」とおしゃべりする感覚で。それぞれの食品・食材に「舞台」を用意していきます。

すると、「じゃあこれを作ろう」「これを食べよう」という発想が湧いてくるのです。逆にいうと、食べたくもない、主役にも脇役にもならないものは、きっぱり断捨離しなければなりません。

こうして冷蔵庫の空間にゆとりが出てくると、そこで「お絵描き」を愉しんでいます。冷蔵庫という立体キャンバスで、食品・食材は常に変化する絵の具として。どの食品・食材もわかりやすく見えるように、しかも美しく。うっとりする冷蔵庫を目指しています。空間曼荼羅《まんだら》とでもいいましょうか。

ぜひ小さな1か所から、始めてみてくださいね。

冷蔵庫にマグネット
ペタペタしてませんか

冷蔵庫はプリントがにぎわう便利な連絡ボードになりがち。ここのペタペタを一掃すると、キッチンの景色が激変します。

やました家の冷蔵庫、大公開!

大容量の冷蔵庫に食品・食材・調味料が少しだけ。
明るく清潔な庫内はすべてに目が届く、手が届く。
そんな空間が理想です。

バターは粋な器で「お1つどうぞ」

バターの箱から1つずつ取り出す「最初のひと手間」で使いやすく。食品の出番待ちも愉しく、美しく。

すべての食品・食材がこっちを見てる

扉を開けたら一目瞭然。食品同士が何段にも積まれたり前後で重なり合ったりせず、入れるときも出すときもワンタッチ。

ケチャップの小袋もワンタッチ

冷蔵庫に入れる前に箱のフタをカット。「最初のひと手間」で朝のバタバタ時にも取り出しやすく。

調味料一式、庫内で「一元管理」

常温保存の調味料もここに。温度・湿度が保たれる冷蔵庫で「一元管理」すれば、「あれどこ行った？」がなくなります。

強力クリップは使いかけの合図

「食べかけですよ」の合図にもなる強力クリップ。クリップや保存容器など冷蔵庫で使うモノは冷蔵庫で待機。

野菜室はお米＆飲み物コーナーに

白米と玄米が空間を占める、ここは野菜室。お米も中身が減ってきたら、小さな袋に入れ替え、入れ替え保存します。

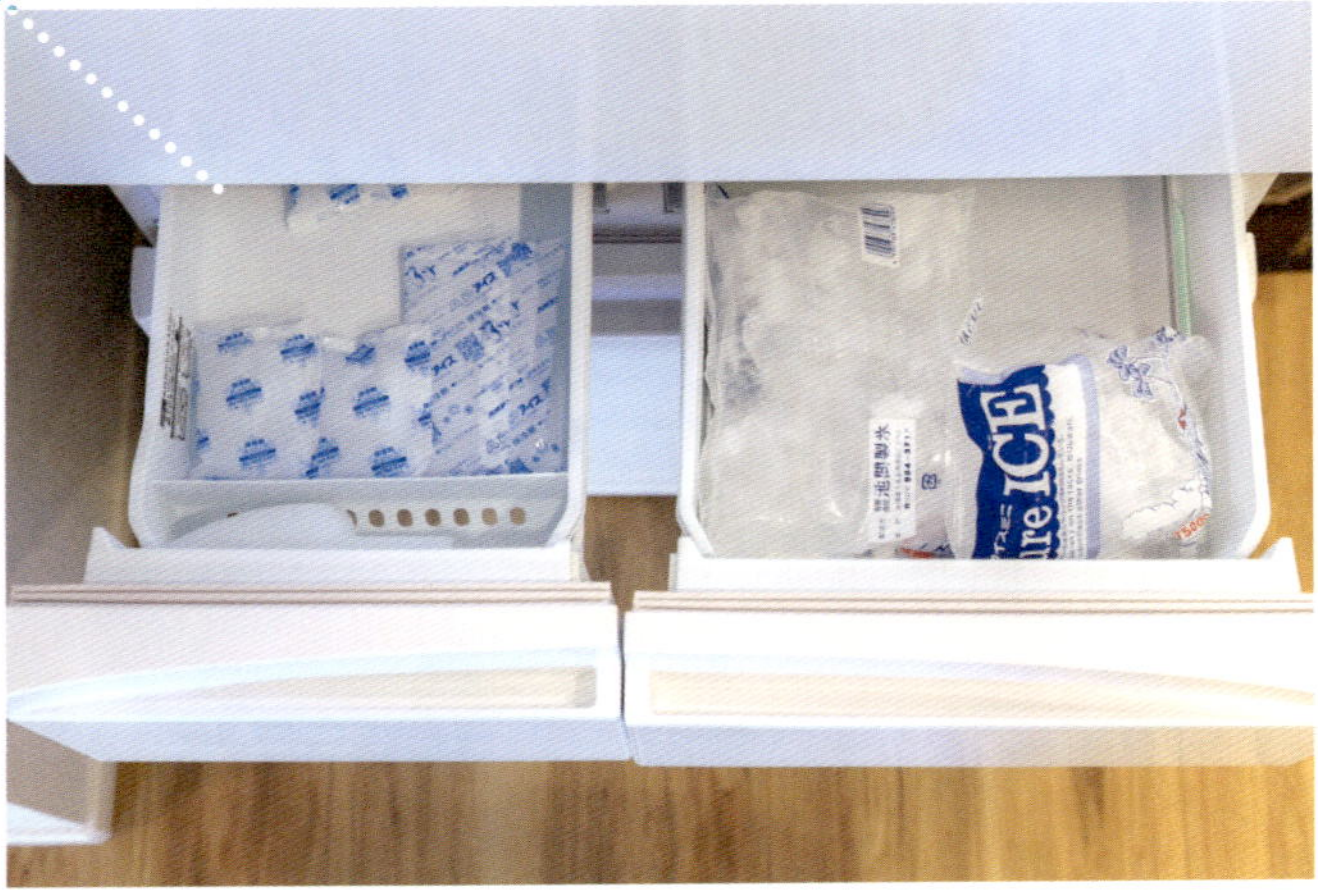

冷凍庫の保冷剤、いくつある？

買い物でもらったりお取り寄せ品についてきたり。気づけば増殖している保冷剤は大小2つずつと決めています。

冷凍庫はこちら！

中央は野菜室、下の３つは冷凍庫。
留守することも多いため、
鮮度の高い野菜・果物のストックは
ありません。

日本各地の名品が凍結する

冷凍庫を開けると、大きな開きほっけがお出迎え。函館のいかの塩辛など魚介の名品がここに。切り身は小さい袋で保存。

パントリー
——食べながら備える ローリングストック

「備える」と言いながら、ここにあるのは「いただきものとお酒ばかりではずかしい（笑）」。お茶とお菓子、お酒のストックスペースです。

上段・下段は空いたまま
キッチンのコンロ脇にあるパントリー。常温保存の食品・飲料がこれだけ。使いやすい真ん中の3段のみ使用中です。

1本飲んだら配置が変わる
「見えない収納」の中でも美しいディスプレイを常に模索します。缶ビールを冷蔵庫に移したら、空間全体を「配置換え」。

お菓子は
こんもりと
壺屋焼きの器に

いただいたお菓子は缶箱や袋のままで保管しません。お気に入りの器に盛って、愉し気なパントリーに。

ひでこ方式 PART 3
小分けにすると食が進みます

ほっぺた落ちそうな梅干しをいただきました！
小ぶりの容器なら手軽に出して食べられる。
「小さく」が冷蔵・冷凍保存の基本です。

「最初のひと手間」ここにあり
家にやって来た時点で、「最初のひと手間」で移し替えをします。ラップを手に持ち、梅干し手づかみで行きます！

ラップを敷いて扱いやすく
保存容器にラップを広く敷いて、昆布漬けの梅干しを乗せていきます。ハイ、2つの容器に収まりました。

食器棚
――好きな器で食べると自分を好きになる

食器棚の気になる1つの棚を選び、断捨離してみましょう。ポイントはそこをアート空間にすること。アート空間とは癒しと励ましの空間。器の1つひとつが引き立つよう、ディスプレイします。

断捨離の第一歩は、空間から器をすべて出すことから始めます。

私がご自宅訪問で、「じゃあ、出した器から好きなモノを選んでください」と言うと、「好きなモノがわからない」と答える方がいます。

よくよく考えてみたら、これらの器は「引き出物だった」「親からもらった」とすべていただきもので、自分で何も選んでこなかったというのです。

これはつまり、「言われたままの自分だった」ということ。こうした生き方のスタンスが器から見えてくるのです。

食器選びのキーワードは「自分をもてなす」こと。

好きな器は旅で出会う

ふと立ち寄った陶器市で、道の駅で、アウトレットで。こちらの深川製磁も気づけば手元にありました。

もてなしには「ねぎらう、励ます」という意味があります。器を「なんでもいいや」と言ってしまうのは自己否定しているのと同じ。

レストランで食事をしたとき、プラスチックのお皿が出てきたらどう思いますか？　まして紙皿が出てきたら？　がっかりですよね。それなのに、家では同じようなことを平気で自分にしてしまうのです。

ぜひ自分をもてなす器を自分の手で選びましょう。

食器棚は「キッチン近く」でなくてもいい

私は家事の動線を気にしません。動きやすい空間であることが第一。少し足を延ばして今日の器を選ぶのも至福です。

美術品？ いいえ、日常づかいです

上質な器は使うのがもったいない!?
いいえ、使わないなんてもったいない！
自己肯定感を上げてくれる「いいモノ」は
どんどん日常づかいします。

あえて窓を背にした食器棚

日頃から「家具で窓をふさがないで！」と叫びつつも、あえてここへ模様替え。「後光」を愉しんでいます。

有田焼を2つセットで飾る

現代ものの有田焼を2つ重ねて。一緒に取り出してセットで使います。下段の大皿は「歪み」のあるフォルムが好み。

輪島塗と琉球漆の朱を愉しむ

左手は輪島塗のお椀、中央は螺鈿《らでん》きらめく琉球漆のお皿。手前の箸袋は、箸置き代わりに大勢の来客に備えます。

食器棚の引き出しは浅いほうがいい

こちら、もともと洋服のチェスト。幅広で浅い引き出しは、まるで1枚の絵のようなディスプレイに。さあ、どう描きますか？

〈1段目〉

個性豊かな九谷焼の盃たち

カトラリーのハラハラ置きの右手には、形もとりどりの九谷焼の盃が。お塩を入れたりソースを添えたりと普段づかいします。

〈2段目〉

沖縄気分が盛り上がる

移住前からなじみのお店に通っては増えていった壺屋焼の器たち。ジーマーミ豆腐やチャンプルーを盛りつけたくなります。

〈3段目〉

**やちむんの
ワンプレート
ごはんに**

ぬくもりある手触りの沖縄・壺屋焼コーナー。四角いお皿は少しずつ盛って愉しむワンプレートごはんにも。

〈4段目〉

**タイに行くたび
連れて帰って来る**

やさしいグリーンに心和む、タイのチェンマイ・セラドン焼き。パスタにもカレーにもサラダにも重宝します。

〈5段目〉

**竜が躍る
有田焼のラーメン丼**

有田の丼祭りで「血迷って」買ってきたものの、ラーメンを食す機会はなく。大好きな漆のお椀は「どこかの」道の駅で購入。

ガラスから透けて
見える期待感

「見える収納はモノが5割」ですが、2割ほどに留めています。ちらと見える器が扉を開ける期待感を高めます。

今日はどの器で
飲みますか？

薩摩切子のグラスに琉球のワイングラス、伊万里焼のカップアンドソーサーまで。おいしさは器で変わります。

グラスとカップが並ぶ もう1つの食器棚

リビング左手の食器棚は飲み物コーナー。
お客さまにも「好きなカップをどうぞ」と
声掛けして。わいわいしながら
選ぶ愉しみをシェアします。

深川製磁もここにあり
引き出しには、一時期ハマっていた有田焼・深川製磁の器。印象的な富士山の平皿はアウトレットで「呼ばれ買い」。

大澤ゆう子のお掃除ナビ

換気扇のお手入れ

実はカンタン！
自分でできちゃう

換気扇は年末大掃除に挑む、大変な作業と思っていませんか？
実はやり方さえわかれば簡単にできるんです。
レンジフードは大きなモーターが回る、家で一番大きな排気口。
ここを詰まらせたら24時間換気も意味がありません。

1 レンジフードのお手入れ、行きますよ～

まずは取り外し
今は整流板がついているレンジフードが主流。手前にポッチがあるので、押すと外れるシンプル構造です。

2 整流板はこうして開けましょう

見えない汚れが見えた
開けた整流板がベトベトになっていませんか？　使えば汚れるのは当たり前。たびたび開けてチェックして。

3 整流板を外して汚れチェック

カンタンに外れます
整流板を外すと電気が消えるはず。万一、ファンが回ってしまったら危険なので、電気が切れていることを確認して。

4 次は2枚のフィルターを

ベタベタの度合いは？
シロッコファンを守る2枚のフィルターを取り外そう。汚れをチェックして、漬け置き洗いへ。
※レンジフードフィルターはものによって薬剤に漬けると塗装が剥がれる場合があります。

5 シロッコファンも取り外し

これで取り外し完了！
シロッコファンも真ん中のフックをつまめば簡単に取り外せます。さあ、漬け置き洗いしていきますよー。

6 大きめのポリ袋にお湯を溜めます

小さなシンクでもできる！
漬け置きには、場所をとらないポリ袋を使用。シンクを傷つけないよう、掃除用タオルを敷いてから。べたつきに効く「お湯」を溜めます。

7 弱アルカリ性の漂白剤を入れて

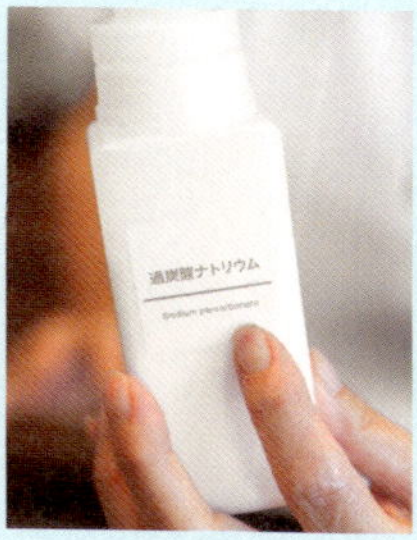

使用量は表示を参考に
漬け置きには、無印良品の「過炭酸ナトリウム」を使用。「オキシクリーン」も内容表示には「過炭酸ナトリウム」とあります。

8 さらに中性洗剤を加えて

9 「溶剤のお風呂」にどぼん

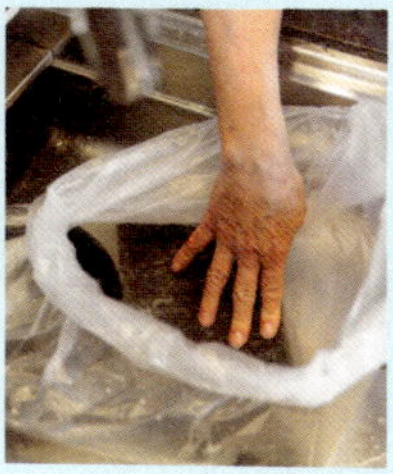

漬け置きスタート
できあがった溶剤の中にシロッコファンとフィルター、整流板を入れ、ひたひたに浸します。

10 袋の口を縛って およそ15分

「長風呂」はキケン
15分はあくまで目安。長すぎると劣化させてしまうため、汚れの程度を見て調節を。

11 待ち時間にクロスで拭き掃除

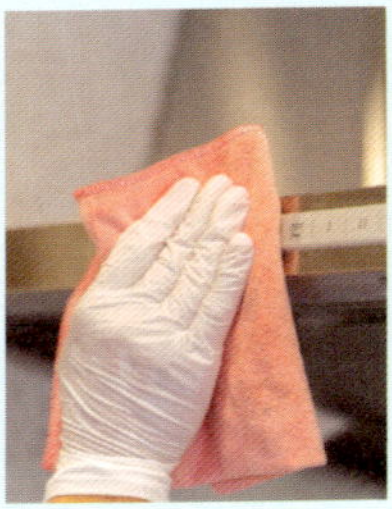

ステンレスの目に沿って
レンジフードの側面は、ステンレスの目に沿って拭いていきます。まず濡れ拭きし、乾拭きで仕上げます。

12 ペーパータオルで乾拭きはマスト

ベタベタの強いレンジフードの内部は、洗剤拭き→濡れ拭き→乾拭きを。口に入れるものを吸い込む場所だからこそキレイに。

13 さあ、袋から取り出し洗い流しましょ

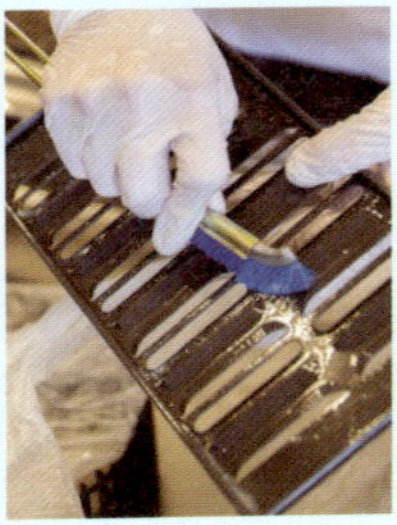

お湯洗いでスッキリ
溶剤の中に汚れが浮き上がってきたら、袋から出してお湯洗いを。毛足の短いブラシは当てるだけでゴシゴシしません。

14 シロッコファンもこうして洗剤落とし

余った溶剤を再活用
ブラシを当てシュッシュッとお湯で洗剤を落としていきます。余った溶剤に五徳や魚焼きグリルを漬けても。

15 整流板はスポンジで撫でながら

どんどんキレイになっていく
サイズの大きな整流板は変幻自在なポリ袋の溶剤の中でスッキリ垢落とし。スポンジで撫でながらお湯洗いします。

16 竹串をクロスで包んで

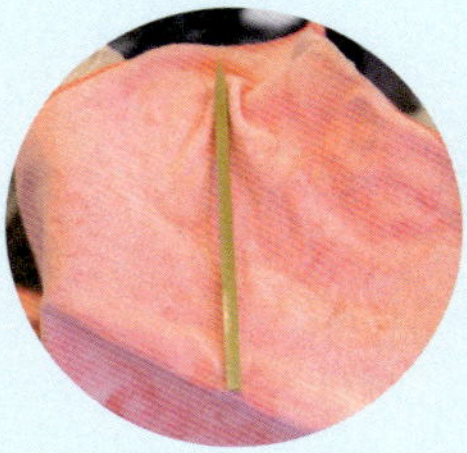

ここで竹串の登場！
大澤ゆう子の7つ道具、竹串をクロスで包んで、さあ何をするのでしょう？

17 隙間の水気をとっています

竹串なら手が届く
竹串を仕込んだクロスで、指の入らないシロッコファンの隙間の水気を拭きとっていきます。

18 シロッコファンを元の位置にセット

安全を確認して
ココ、真ん中のピンにシロッコファンの凹みを入れて、カチッとさせます。固定したら落ちてこないか再確認を。

19 整流板も定位置に戻したら

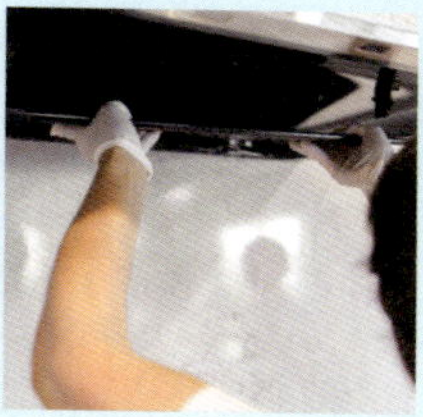

手順を逆戻し
水気をとったフィルター、そして整流板もセット。こうした水を使うお掃除は、寒い時期より暖かい時期にオススメ。

20 ほら、できあがり！

心も軽やかに
見た目もピカピカ、キレイな空気の循環ができました！ お料理もきっと愉しくなります。

寝る前に

ココ断捨離！

寝る前に洗面所1か所

タオルの色を統一すると変わる

洗面所は自分を磨く空間。

自分をケアする、その行為が幸せを与えてくれます。自分を慈《いつく》しむ空間ですね。メイクはそのプロセスも幸せ、仕上がった後も幸せな感覚がありますよね。そんな水場が不潔だったら？　本来、一番スッキリとした清潔空間であるべきなのに、後回しになっていませんか？

洗面所は狭い空間のわりにモノがひしめくところ。洗面台にはメイク道具、スキンケア用品、ヘアケア用品、洗剤に掃除グッズ。その横には洗濯機があり、タオルの棚もあります。

古いタオルが山積みになっているお宅もあります。私は毎日洗濯するため、ハンドタオル3枚、バスタオル1枚。バスタオルは夫のモノで、私は使っていません。ホテルのようにディスプレイすべく、統一しています。色とりどり、柄とりどりのタオルがあるだけで、空間に雑音が生まれます。

そして足拭きマット。これも敷きっぱなしにしていたら大変不潔です。そのつど洗う、やはりホテル方式をとっています。

洗面所・浴室では、水を贅沢に。せっかく水に恵まれた国に住んでいるのですから、ありがたく享受させてもらっています。残り湯で洗濯することもありません。主婦の頃に一度、トライしたことはありますが、即やめました。水道代の節約にはなるのかもしれませんが、さわやかさは感じられません。

断捨離は、時間、手間、精神的コストなど、さまざまなコストを俯瞰的に見て行動を選択します。

洗面所、どこから始める？

限られた空間にモノ、モノ、モノ。「寝る前断捨離」では、まず目についた1つから手をつけて。洗面台の上、引き出しの中から1つ捨てられたら前進です。

洗面台の上は
モノがないほどいい

歯磨き、洗顔、メイク、ヘア……こまごましたアイテムと共に作業する洗面台は「何もない」をベースにして。作業後はゼロリセット。

右の扉は
ペーパータオルコーナー

手拭きをはじめ、洗面台の水気、排水口の髪の毛、鏡の水垢の手入れ……とペーパータオルが大活躍。右手で開けて拭いてポイ。

左の扉は歯磨きコーナー

鏡の中にありがちな、からっぽの、あるいは使い切らずに放置されたボトルやチューブを一掃しましょう。「1日1か所」は小さな空間から。

鏡の中はモノが2割

鏡の中を開けると、モノが乗車率150%になっていませんか？「今、使っているモノ」だけを残して、化粧品売り場にしましょう。

身づくろいの空間、洗面台の引き出しは４つ

試供品に綿棒にピン・ゴムとこまごましたモノを突っ込んで閉めておしまい！にしていませんか？ここでも「１引き出し１アイテム」を目指して断捨離スタート！

呼ばれるまで
ここで行儀よく

体重計が意外と床のスペースをとってしまう、という人にうれしい隠れ場所。少しだけ顔を出して存在をアピールしています。

上の引き出しは化粧ポーチを中心に

大きな引き出しには、ドライヤー、化粧ポーチ、ヘアアイロンの３つ。滑り止めシートがさりげない間仕切りに。小さな引き出しにはティッシュボックス１つ。

下の引き出しにはゴミ箱１つ

この贅沢な空間づかいを見よ。大きな引き出しに、コンパクトな紙袋のゴミ箱１つ。小さな引き出しにはバスタオルが２枚フィットして。

化粧ポーチ——メイク道具のお手入れも同時進行

やましたひでこの「そのつどお手入れ」実践編！
お手入れは後でするものと思っていませんか？
「その時、その場」ですればカンタン時短、気持ちいいですよ。

1 こちら化粧ポーチ＆刷毛《はけ》のケース

引き出しから出してセット

家でも旅先でもメイク道具はこれだけ、移動のお供。ティッシュペーパーも脇にセットし、さあ、メイクしますよ～。

2 メイク道具をタオルの上に出していく

ポーチをからっぽにする

ごちゃごちゃ道具を探しつつメイクするのでなく、まず化粧ポーチと刷毛ケースをからっぽに。

3 これで「全出し」しました！

4 ファンデを使ったらケースを拭いてポーチへ

鏡を拭くのを忘れずに
ファンデーションで顔を整えたら、ティッシュペーパーでケースを拭いて化粧ポーチに戻します。特に汚れる鏡を忘れずに。

5 アイブロウペンシル、ハイライト、アイシャドーも同様に

この流れが癖になります
次に眉毛を描いたら、ティッシュで拭いてポーチへ。ハイライト、アイシャドーも順番に使って拭いてしまいます。

使う順番がわかる
メイク道具も刷毛も一堂に会して。こうして「俯瞰」すると、使っていない道具をムリなく断捨離できます。

6 刷毛を使ったらパウダーを払ってケースへ

タオルの上に何もナシ
最後に刷毛を拭いてしまえば、タオルの上に何も残りません。細かな手入れはまとめてすると大変、同時にすればカンタン。

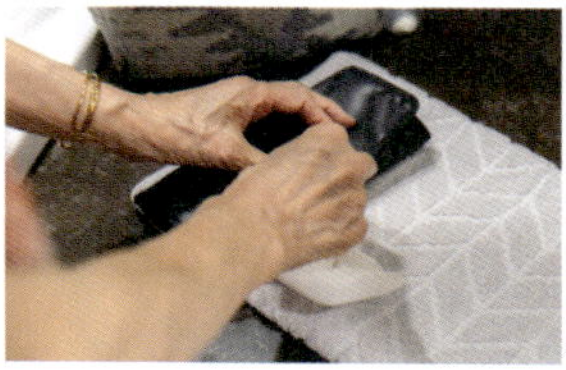

7 化粧ポーチ&刷毛ケースを引き出しへ

手を洗っておしまい！
1つずつ使ったモノから減っていくので「これ使ったっけ？ あれ使ったっけ？」がありません。空間も道具も自分もキレイ！

大澤ゆう子のお掃除ナビ

カランと鏡と換気扇

見えないところを見る、がポイント

こまごましたモノを断捨離すると、手入れをしたくなってきます。洗面所の必須箇所は、放置しがちな3か所。カランと鏡と換気扇のポイントを解説！

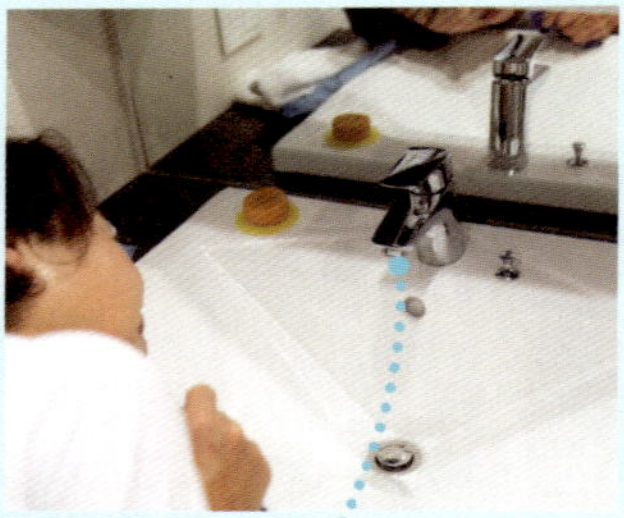

カランを下から見上げたことありますか？
人は見えないところは見ず、わざわざ見ようともしないもの。掃除の際は「角度を変えて見る」が大澤流。

視点をずらすと汚れが見える

一度、写真を撮ってみて
水垢が固まっていたり、カビが発生していることも!? カランを下から見上げてみると驚きの光景が待っている！

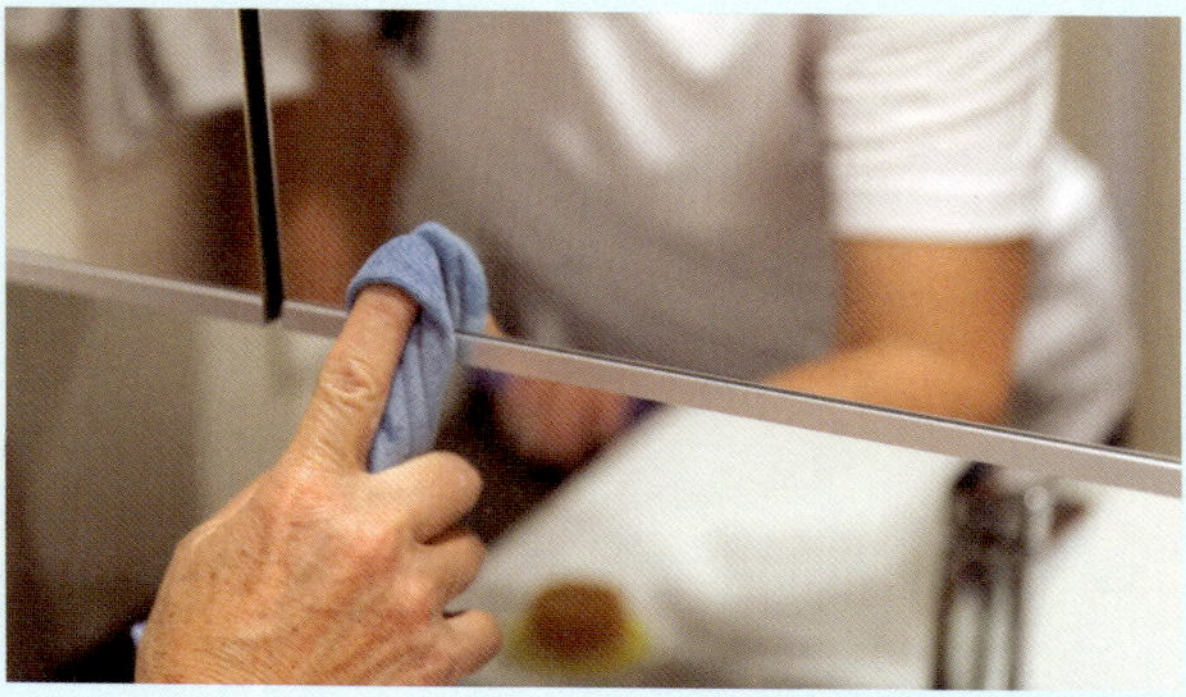

手垢にはクロス拭き

開け閉めする鏡の扉の下部には手垢がいっぱい！ 鏡も真正面だけでなく斜めから見ると見えてきます。

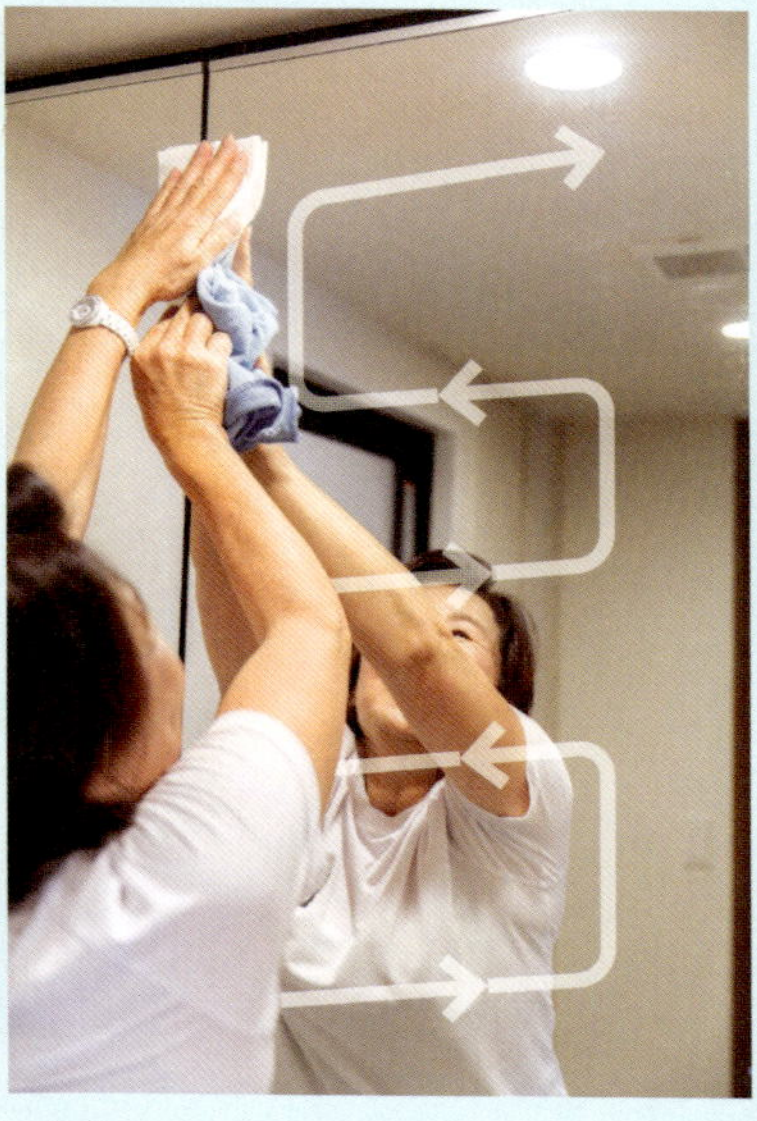

拭きムラが残らない方法

薬剤が染み込んだガラス磨きペーパーで、下から「コの字」に拭きあげます。拭きムラが残る「クルクル拭き」はNG。

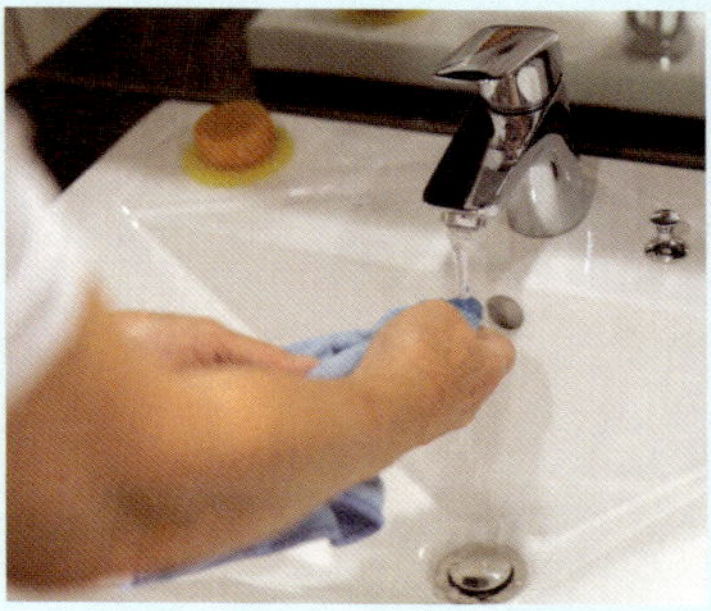

鏡磨きはエクササイズ

水や薬剤でガラスを拭いたら、乾く前にクロスで水滴をとって。大澤ゆう子はいつも両手持ち。二の腕に効きます。

ここは盲点！洗面所の換気扇掃除してる？

1 換気扇のカバーを外しましょう

カンタンに外せます

天井の小さな換気口（壁にある家も）、ここも侮れません。「出す」ための大切な場所がふさがれていませんか？

2 ほら、こんなにホコリが

早めに手当てを

空気中のホコリが油分・水分を吸ってフィルターに溜まります。角度を変えると浮かび上がって見えます。

3 掃除機でホコリを吸って

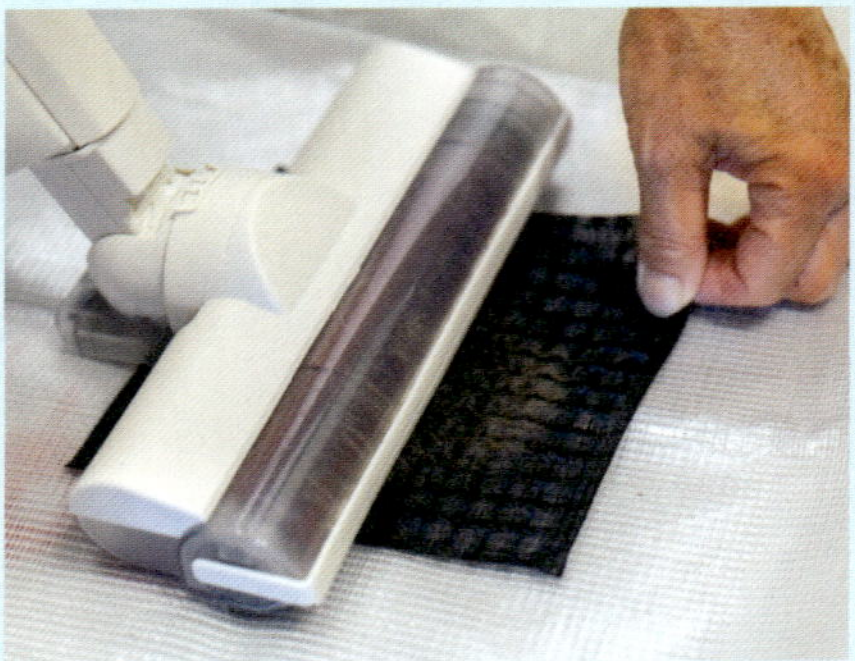

あっという間に！

新聞紙やレジャーシートを敷いて、フィルター掃除。ヘッドの自由度が高く充電切れの心配がないコード式の掃除機が大澤ゆう子の好み。

4 そしてキレイにお湯洗い

べた付きも一掃

汚れの程度によっては洗剤を使うケースも。ただ概して洗剤は使いすぎる傾向にあるので注意して。

5 ブラシでさらにキレイに

フィルターを念入りに洗いたいときは、やさしくブラッシング。ホコリが溜まっていなければ洗わずにクロスで拭くだけでもOK。

6 タオルでしっかり水気とり

フィルターを包むように

水気をよく切ってタオルドライ。フィルター掃除は正味10分。

7 さらに拭き拭き……

キレイになあれ

換気扇カバーはクロスで拭くだけでもOK。こまめ掃除で「汚れの溜め込み」を防ぎます。

8 換気扇の中も拭いて、できあがり

空気の流れがよくなる

クロスで内側もしっかり拭きあげたら、フィルターとカバーを元に位置にセットして完了。

寝る前に
ココ断捨離！

寝る前に 浴室 1か所

お風呂のフタ、イス、洗面器をどうする

浴室は体と心をメンテナンスする場。その浴室空間のメンテナンスも、私たちがすべき大事なメンテナンスです。入浴したとき、あるいは入浴後、体と一緒にお風呂もキレイにしちゃいましょう。

空間のお手入れをしやすくするには、モノが少ないことが一番です。そのお風呂グッズ、必要ですか？　使い切っていないまま放置されたシャンプー、1本しか使っていないのに何本も林立するカミソリ、黒ずんだ軽石……など、浴室には無自覚なモノがたくさん。

わが家にバスタブのフタはありません。

こう話すと、「お風呂が湯気でいっぱいにならない？」と友人に驚かれたのですが、そのつどお湯は流しているため、フタの出番はないのです。そもそも私は「無洗入浴」派。バスタイムはお湯にゆっくり浸かる時間で、体をゴシゴシ洗うことはないため、洗面器もイスもありません。そもそもシャワーがあれば洗面器の出番はナシ。入浴後はもちろん、排水口の髪の毛を厚手のティッシュでくるんでそのつど始末です。

どんなモノでも、メンテナンスによって「寿命」が変わります。メンテナンスを怠ると、不快・不潔になっていく。みんなでその意識を持って、自分の大切な体と心のメンテナンスをする場だと意識し、メンテナンスにもっと意図的・主体的になろうと伝えたいのです。

自分ばかりお風呂掃除を担わされている……と不満に思っている方もいるかもしれません。お掃除当番制にできたらいいのですが、なかなか家族を啓蒙するのは難しいもの。自分が断捨離に目覚めても、家族に素地ができていないため、押しつけるとバトルになることがあります。ただ言い方を変えれば、キレイで清潔なことは誰しも文句なくうれしいもの。

そのためには、いつもキレイな空間をスタンダードにしておきましょう。その心地よさが家族に伝われば言うことないのですが、そこに焦点を当てずに。断捨離のモットーは「信じて、期待せず」。まずは自分自身が「スッキリ・ぴかぴか・うっとり」を存分に味わってください。

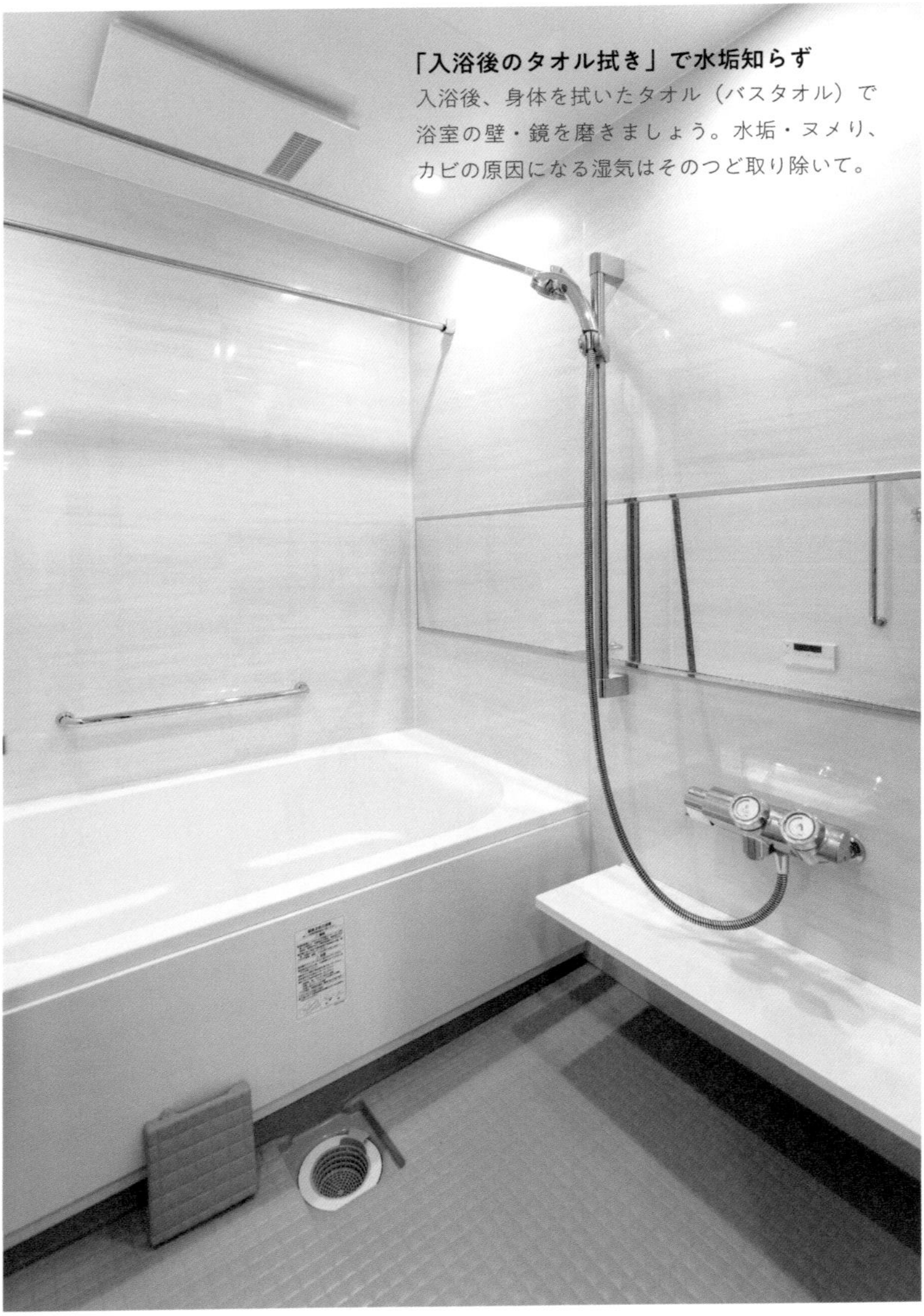

「入浴後のタオル拭き」で水垢知らず

入浴後、身体を拭いたタオル（バスタオル）で浴室の壁・鏡を磨きましょう。水垢・ヌメり、カビの原因になる湿気はそのつど取り除いて。

モノも汚れも何もないから くつろげる

お風呂のフタもイスも洗面器も。
ボトル類にボディケアグッズも。何も置かないから
手入れがカンタン、いつも清潔なくつろぎ空間です。

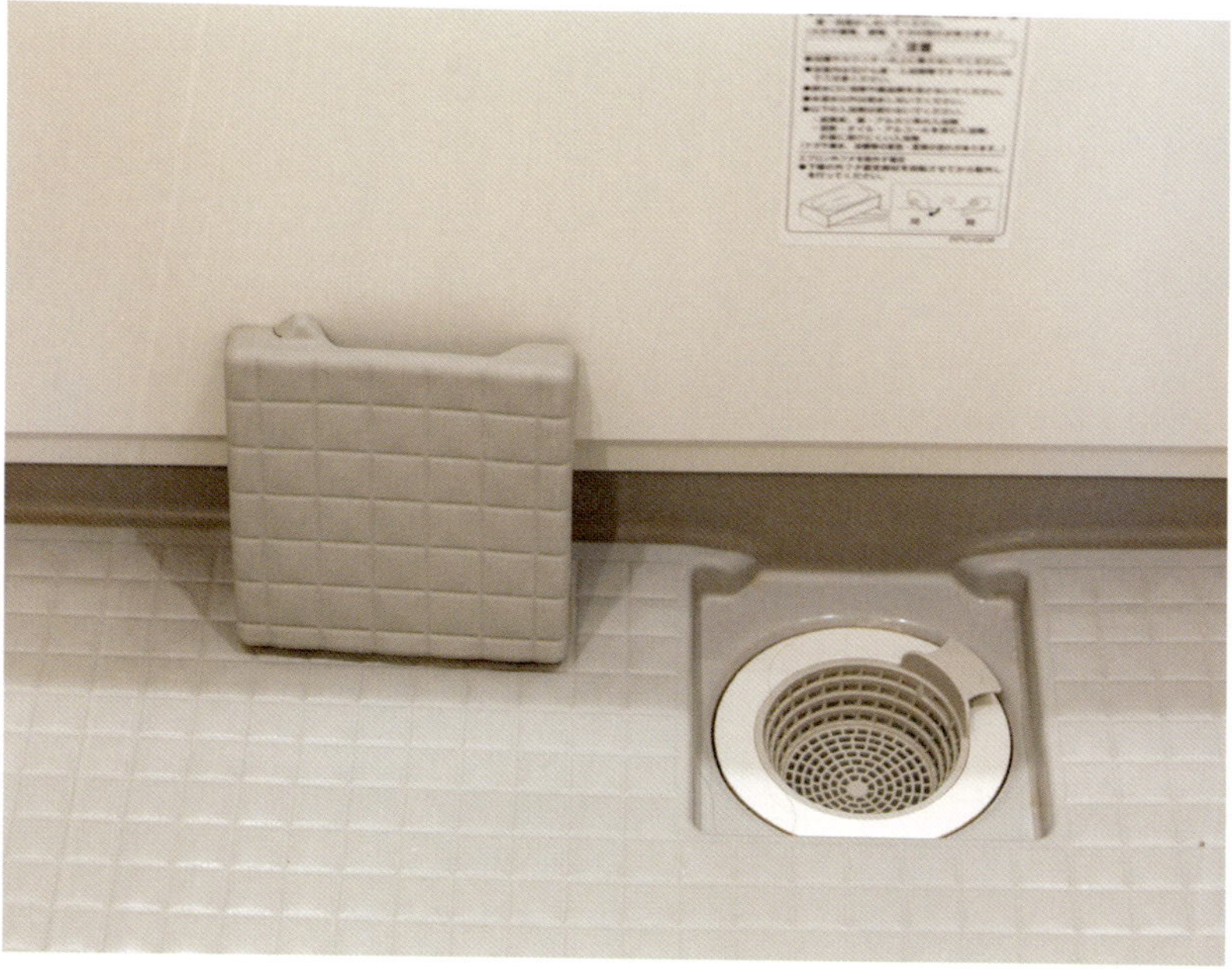

フタを立てかけてヌメリ知らず
排水口のお手入れもそのつど。フタを開け、髪の毛を取り除いたら、そのまま乾燥。ヌメリとニオイの発生ナシ。

大澤ゆう子のお掃除ナビ

お風呂ピカピカ作戦

入浴後にバスタオルで拭きあげる

カビ発生の条件となる温度・水分・栄養（皮脂・髪の毛・石鹸カス）を与えないために「毎日拭く」がポイント。「オススメは、入浴後に自分の体を拭いたタオルで浴室全体を拭くことです」（大澤）

輝きが見違える！カランの「湿布法」

1 まず、クロスでカランを拭いて

浴室全体が明るくなる

カランを光らせると、浴室全体がレフ版効果で明るくなります。カランがくすんでいると思ったあなたはぜひ！

2 「湿布法」にはペーパータオル

時間をかけて緩ませる

洗剤をかけてラップで巻く「ラップ法」、キッチンペーパーで巻く「湿布法」があります。ここでは「湿布法」をご紹介。

3 カランにペタペタ巻きつけていきます

「いつもありがとう」の心で

顔のシートパックのように、濡らしたペーパータオルをカランに巻きつけていきます。

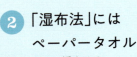

4 洗剤をシュッシュッと吹きかけて

表に裏にたっぷりと

カランにぐるり巻きつけたペーパータオルの上から、お風呂洗剤（主に弱アルカリ性）を吹きかけて。

5 手で包み込んでフィットさせます

そのまま10分置いて

ペーパータオルとカランをよくなじませて約10分。時間はあくまで目安。自分の目で確認を。

6 隅っこ汚れは竹串におまかせ

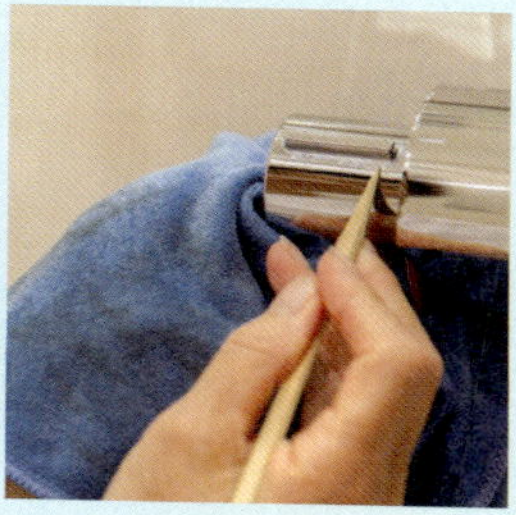

逆に汚れが気になってくる

ペーパータオルを剥がしたら、ピカピカになった分、隅っこの汚れが気になるもの。ここで竹串とブラシの登場。

7 仕上げもクロス拭きで

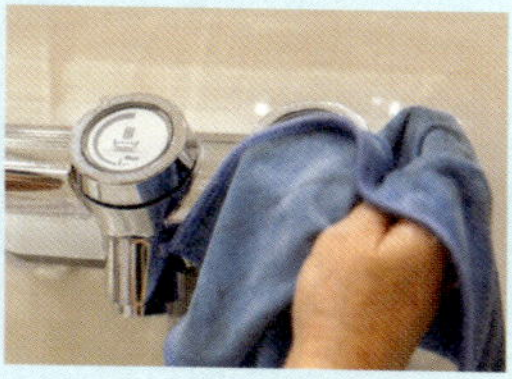

こうしてキレイをキープ

気になる汚れを取り除いたら、最後はクロスで乾拭き。いかなる時も、仕上げの乾拭きがものを言います。

8 手当ての後のこの輝きを見よ

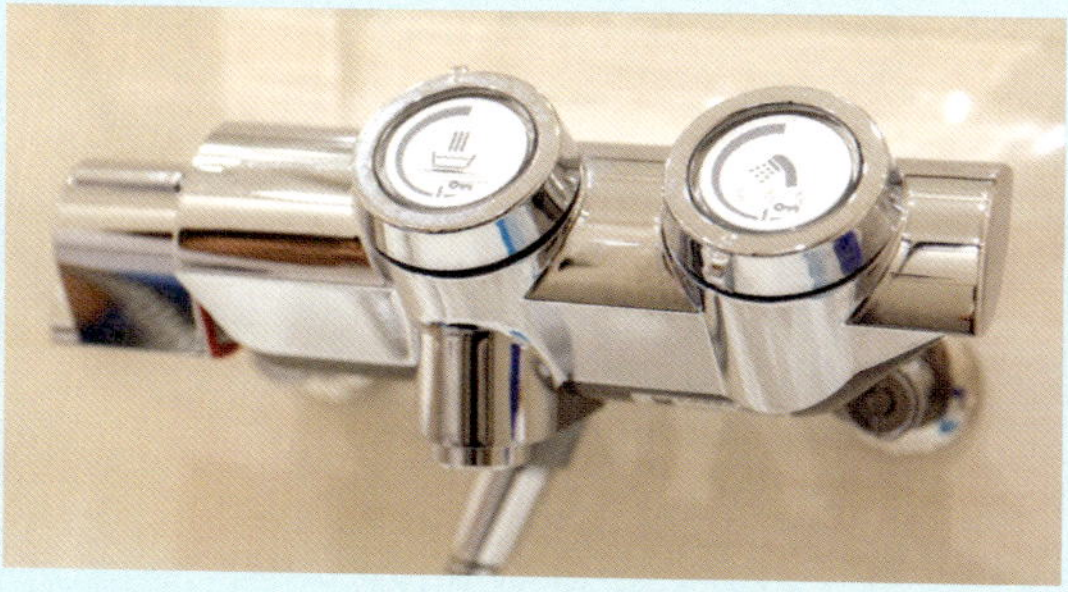

寝る前に
ココ断捨離！

寝る前にトイレ1か所

もてなし空間に不潔なモノはいらない

トイレは命の営みの場、生きるための大切な空間。出すこと、排泄することは、すなわち生きること。出すことは重要で、出さなければ死んでしまいます。だからこそ、出す空間を美しく。

またトイレはもてなしの空間でもあります。キレイなトイレは何より自分が気持ちいい。美しいトイレで自分をもてなす。そして家族を、お客様をもてなす。生理的な欲求をより快適なカタチで満たしてあげることが大事です。

トイレは、キレイにしてしすぎることはありません。「寝る前」に限らず、「そのつど断捨離」がオススメです。

私はトイレを使うたび、使い捨てのシートで便座や床を拭いています。さらにお手入れをしたいときは、キッチンで使ったお古のスポンジで。トイレの手洗い場から床、そして便器をキレイにして、最後はポイ。不潔になりやすいトイレブラシも使い捨てのモノを。

清潔さをキープするためにも、マット類は置きません。

暖房便座になっているため、便座マットカバーも必要ナシ。

まして足マットは雑菌の温床とすら感じてしまいます。足マットがあるだけで床掃除の邪魔になり、足マットじたいを洗濯するのも一苦労。

「トイレ＝トイレマット」という図式の断捨離ですね。

トイレはそのつど掃除、プラス小さな演出

使うたび、ウェットペーパーで床も便器も磨き上げる
「そのつど掃除」。プラス、愉しい演出で毎日、自分をもてなします。

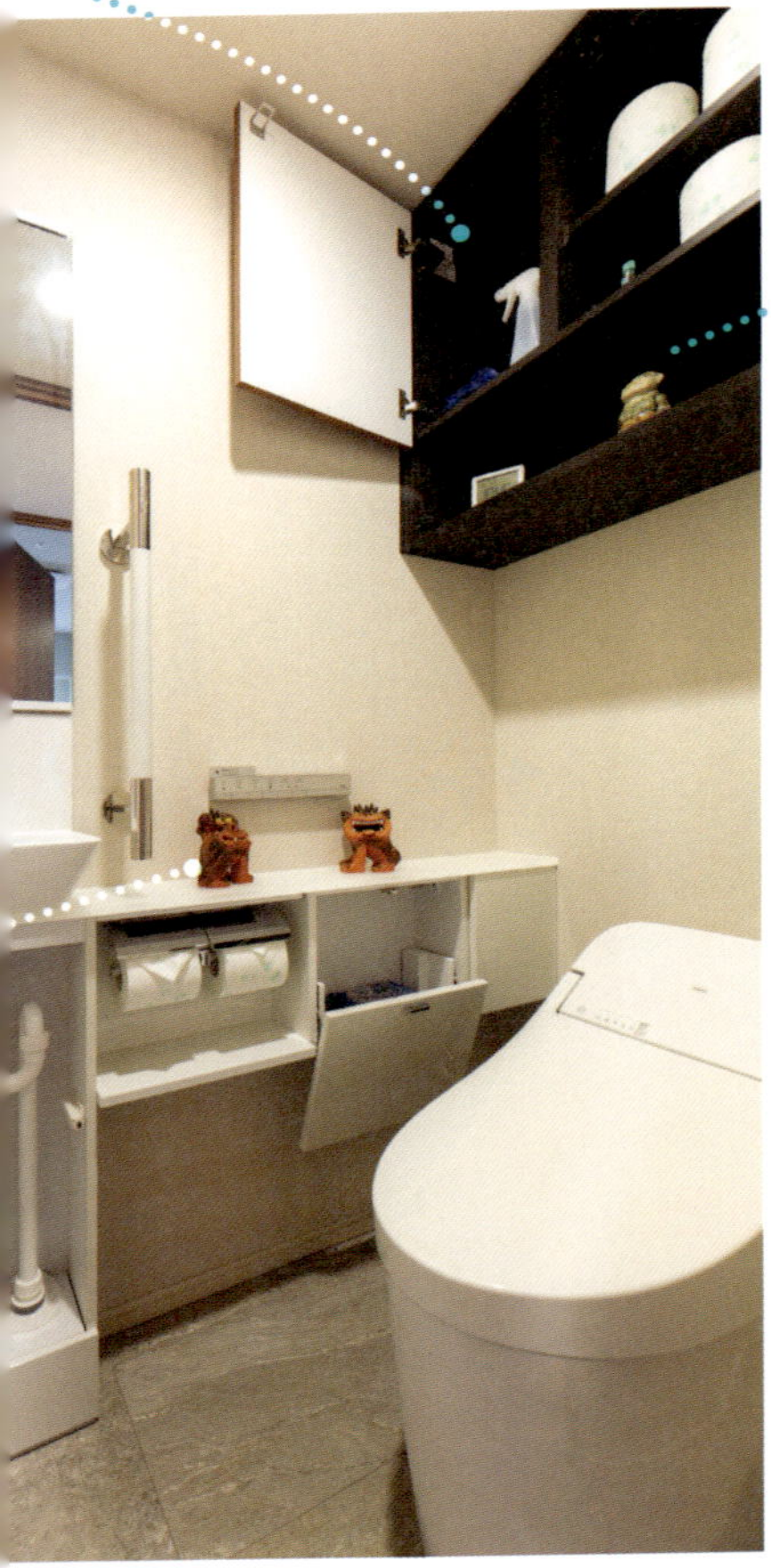

スリッパもマットもいらない

「そのつど掃除」の邪魔になるマットやスリッパは置きません。布製品は汚れやすく手入れのしづらいモノ。要・不要を見極めて。

夫愛用のトイレブラシ、ここに隠れてました

トイレ掃除はブラシを使わず"素手"で行うひでこ方式に対して、夫はトイレブラシ派。洗剤と共にココにありました。

ストックコーナーにも遊び心

天井棚はトイレットペーパーのストックが８つ（上段に６つ）。見えない空間も演出を忘れません。ミントのアロマオイルで香りの演出も。

**こんな顔で
みつめられたら……**

守り神シーサーはトイレにもいらっしゃいました！その愛くるしい表情に、思わず頬がゆるみます。

大澤ゆう子の お掃除ナビ

「シールの跡」の断捨離

ペタペタにはペタペタで処す

室内の設備品や家電に貼ってあるシールは見た目がいいとは言えません。といって剥がそうとするとうまく剥がせず、跡が残ってしまうことも。「洗剤でゴシゴシしよう」と思う前に、ガムテープでペタペタが意外と効くんです。

知ってますか？ガムテパワー

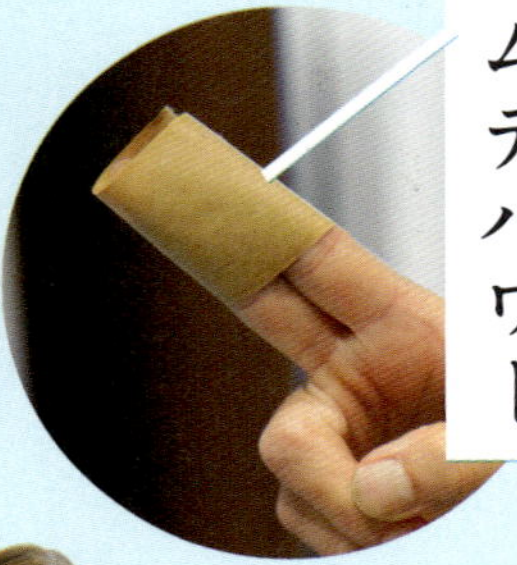

紙テープより布テープ
ガムテープが活躍するのは荷造りだけじゃない！ シール跡には紙テープより強力な布テープがオススメです。

真剣！ペタペタ指南
「汚れと向き合うと心の中の汚れも一緒にとれます（大澤）」「あなたの執着はこんな粘着力があるのね（やました）」などと言い合いながら。

洗濯機にこびりつくシール跡をとろう

つい剥がしちゃったシール
メーカーの注意喚起のシールは意味があるから貼ってあるもの。ルックス重視で剥がしちゃうと、かえって汚く残ることも。

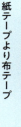

1 丹念にペタペタペタ

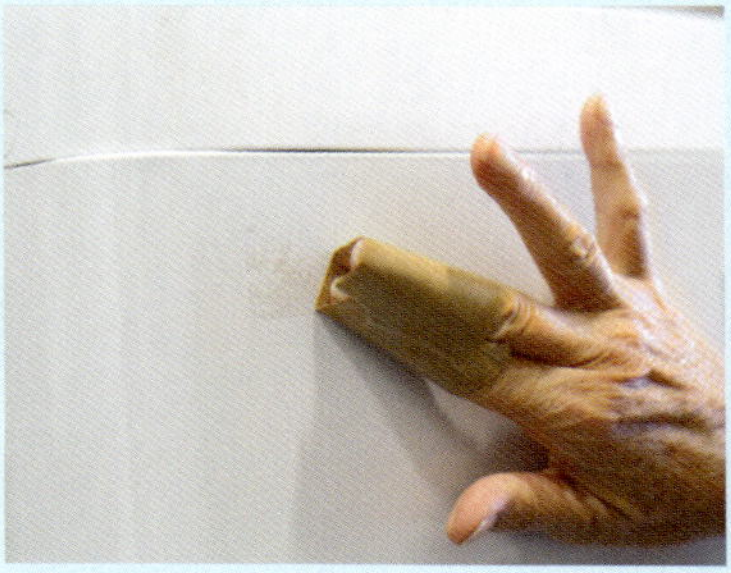

最初に登場するのが、フットワークの軽いガムテープ。シールの粘着力VSガムテの粘着力の軍配は？

2 ガンコ汚れには竹串

ガムテで太刀打ちできない時は、頼もしい助っ人、竹串の登場。お尻部分でこそぎ落とします。

3 洗剤で仕上げよう

ガラスクリーナーなどの洗剤をコットンやペーパーに含ませ、シール跡を拭きとる。

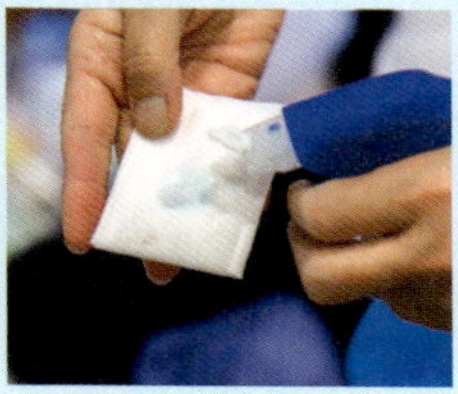

4 ボディも拭いて

毎日働いてくれている洗濯機の本体もいたわりながら拭いてあげましょう。

ついでに洗濯機下の髪の毛もとっちゃおう

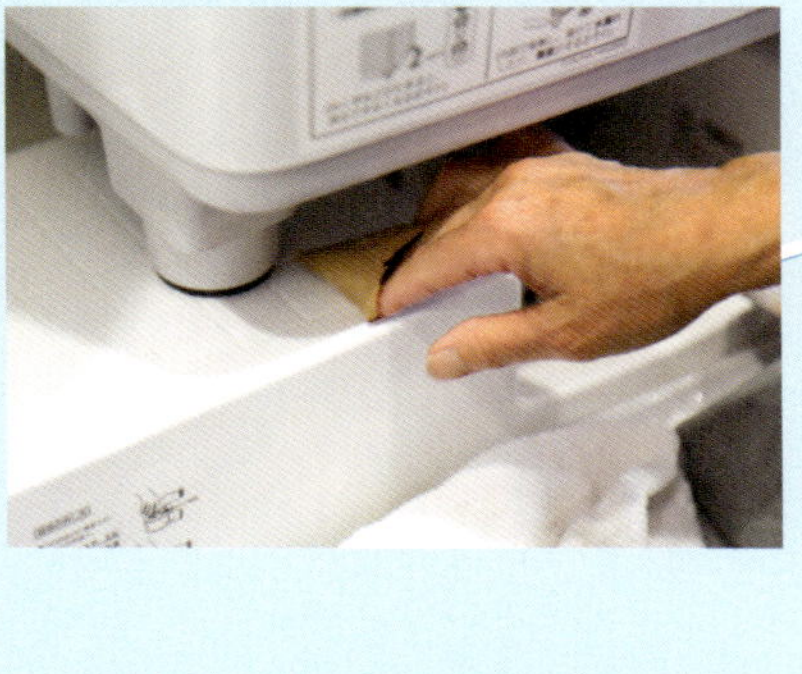

掃除機が入りにくいココ

手を伸ばしにくい洗濯機下一帯をペタペタし、髪の毛やホコリを一掃しちゃいましょう。

寝る前に ココ断捨離！

寝る前に 寝室1か所

ふとんのお手入れ、してますか

「寝る前断捨離」として、寝室は必須空間です。

タンスの上から今にもモノが落ちてきそう、そもそもタンスが倒れてきそう、そんな中で寝ていたとしたら？

モノに埋もれ、ホコリ掃除もままならない中で寝ていたとしたら？

まず第一に、安全と健康を守ってください。そのうえで、ゆったり心地よく、異国への旅を誘うようなロマンを感じられる部屋にしたいですね。

わが家は以前は夫婦の寝室があったのですが、新居では夫婦それぞれの個室を設けました。それぞれ小さめのウォークインクローゼットがあり、とても快適です。

使っていないふとんはこのクローゼットに収めています。

厚手の掛けぶとんは使わず、薄手のものを使っています。夏はこれを1枚。冬は2枚。

2枚を2層にしたほうが空気のたまりがあって暖かいのです。特にマンションは暖かいですからね。

ふとんを収納する際、圧縮袋に入れる人がいますが、私は使いません。だって、想像してみてください。あなたはぺったんこにされ、ビニール袋に入れられて窒息させられるなんて勘弁ですよね。

自分がされたくないことはモノにはしない、というのが私のスタンス。

モノの立場になってみると、「どうされたい?」がわかります。私は呼吸をさせてあげたい。自分にふんわりさを提供したければ、ふとんもふんわりと置く。自分に軽やかさを提供したければ、モノを軽やかに扱う。「モノ＝持ち主である自分」なのです。

思い思いに過ごす夫と妻の部屋

夫婦一緒、でなくていい！
第二の人生を始めた沖縄の家は、
それぞれのスタイルで愉しむ、それぞれの部屋を。

ロマンを愉しむ妻・ひでこの寝室

畳ベッド、チェスト、イス、姿見……家具は石川の「生活アート工房」でオーダー。あたたかみのある、気の利いたデザインが気に入っています。

沖縄の海の色がコーナーを彩る

モノは最小限、スッキリしたインテリアにサンゴ染めのクロスや掛け軸の青が映えます。コーナーの椅子にはバッグの一時置きも。

趣味も充実、夫・じゅんちゃんの寝室

各地を飛び回っている妻の傍ら、愛犬との暮らしを愉しむ夫・じゅんちゃん。家事に趣味にほどよいペースをつかんでいます。

窓辺のピアノと過ごす時間
「沖縄では楽器をしたい」という希望を叶え、好きな曲を練習しています。

低めの畳ベッドで快眠生活
ふとんで寝る心地よさ。通気性がよく快適、手入れしやすい畳ベッド。

ふとん――薄手のふとんを夏は1枚、冬2枚

薄手のふとんならコンパクトに畳めて収納に困りません。
ひでこ流・ふとん畳みのキーワードは「自立・自由・自在」。
さあ、用意はいいですか？

1 ふとんを畳んでいきましょう

床にパーッと広げて
季節の役割が終わったら、日に干して湿気をとばしてから。

2 縦に3つに畳みます

一人でもカンタン！
柔らかい羽毛ふとんのため、縦に畳むのも一人でカンタン。

3 縦長になりました

手でやさしく押して
空気を抜くように手でペタペタやさしく押して。

4 端から真ん中に向かって折ります

小さくしますよ
こんな畳み方もできちゃいます

5 逆サイドからもこのように

よいしょ、よいしょ
まるで洋服を畳むように、両サイドを真ん中で顔合わせ。

6 片方の端っこをもう片方に入れ込むと

入れ子にしましょ
柔らかい羽毛だから入れ子もカンタン。あと少し！

7 ほら、こんなにコンパクト

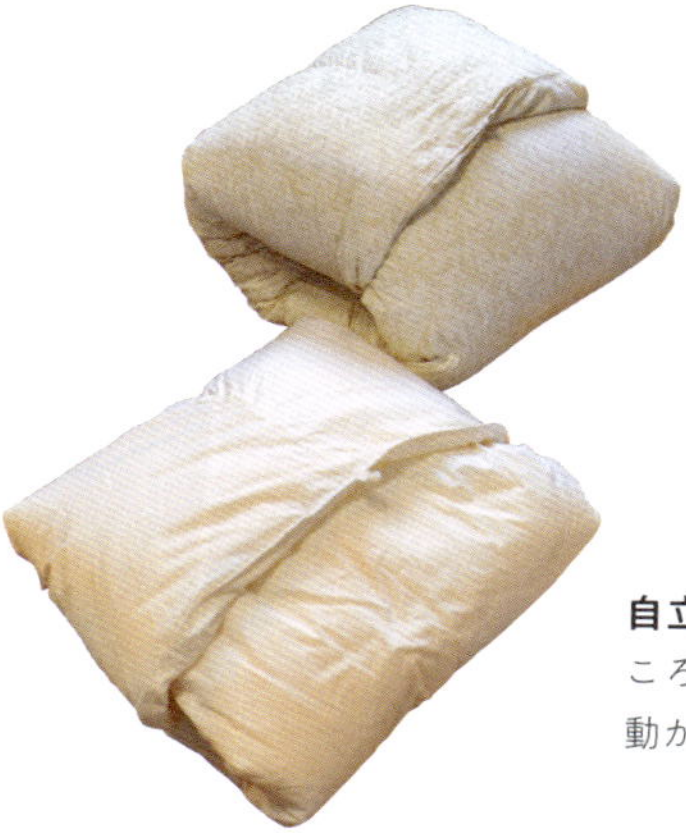

自立・自由・自在に！
ころんとまるまって、できあがり！
動かしても崩れません。

寝る前に
ココ断捨離！

寝る前にクローゼット1か所

洋服は「飽きた」に素直になろう

洋服の断捨離のポイントは「飽きたを認めよう」ということ。「飽きた」は感覚・感性です。思考による正当性はありません。私たちは正しいことをしましょうね、いい子でいましょうねという教育を受けているため、「飽きた」は社会的に正当性がないのです。「もう、これは飽きちゃったの」と言ったら怒られてしまいますね。

以前は気に入っていたし、それなりのお値段もしたし、と言い訳してとっておくのです。

でも飽きたのは事実。飽きた服を持っている必要はあるのでしょうか。

せめて洋服くらい自分の感覚・感性に正直に、そして素直に。恋多き女でいいじゃない、と私は言いたいのです。

洋服は気分で買います。お店では気に入っても、家に帰ったらピンと来ないなんてこともありますよね。クローゼットにタグがついたままの洋服もあるのでは？

価格に見合ったコストパフォーマンスを考えていたら、洋服の買い物はすべて失敗だと私は考えています。1回着るあたりいくらと考えたら、それこそトレンドの服は大変な値段になるでしょう。そもそも1回しか着ない、着る場がないとしたら――。高い服を買ったので元をとるべく毎日着てます、ということは洋服には起こりません。コスパがいい買い物ができたといえるのは、Tシャツと下着くらいではないかしら。何度も着られるし、洗いざらしでも風合いがある。高い洋服ほど出番がなく、まさに高くついた買い物に。

そうなったら、そこで終わり。早く処分するしかありません。ところが私たちは失敗を認めたくないのです。


クローゼットじたいが気分の上がる空間かどうかも大事なポイント。洋服1枚1枚は気分が上がるのに、それがギチギチに詰まっていたら、どうでしょう。

私に言わせると、クローゼットも洋服のようなもの。洋服も空間なら、洋服がたくさん詰まっているクローゼットも空間です。そこに洋服がハラハラと掛かっていたら「なんだか素敵」と思うでしょう。

ぜひ、空間を基準にして「これは捨てよう」「これはもう卒業だ」と洋服を選び抜いてください。これも制限の効用です。

空間にしても時間にしても、無制限だったら私たちはどこまでも持ち続けていくのですから。

以前、ご自宅訪問で訪れたお宅には子どもが7人いて、子ども服が2000着ありました。お母さんは「服がないと子どもに惨めな思いをさせてしまう」「次の子が着られるから捨てずにとってこう」と思い、溜め込んでいったようです。

でも実際に「服がない」となったら誰かがくれる世の中です。特に子ども服のおさがりは頻繁にやりとりされています。家に置いておかなくても大丈夫。

そのために空間を失っているコストのほうがよほど大きいのです。押し入れがぎゅうぎゅうになり、日常をイライラしながら過ごしている。いずれ売って利益を得ようとしても、そんなレベルではない損失をしています。この俯瞰力を持ちたいですね。

ひでこ方式 PART 4

「最初のひと手間」で使いやすくなる

やましたひでこが何気なくやっている、カンタンだけど目鱗な日常のワザ。手間を減らし、ストレスを減らすこの方法。

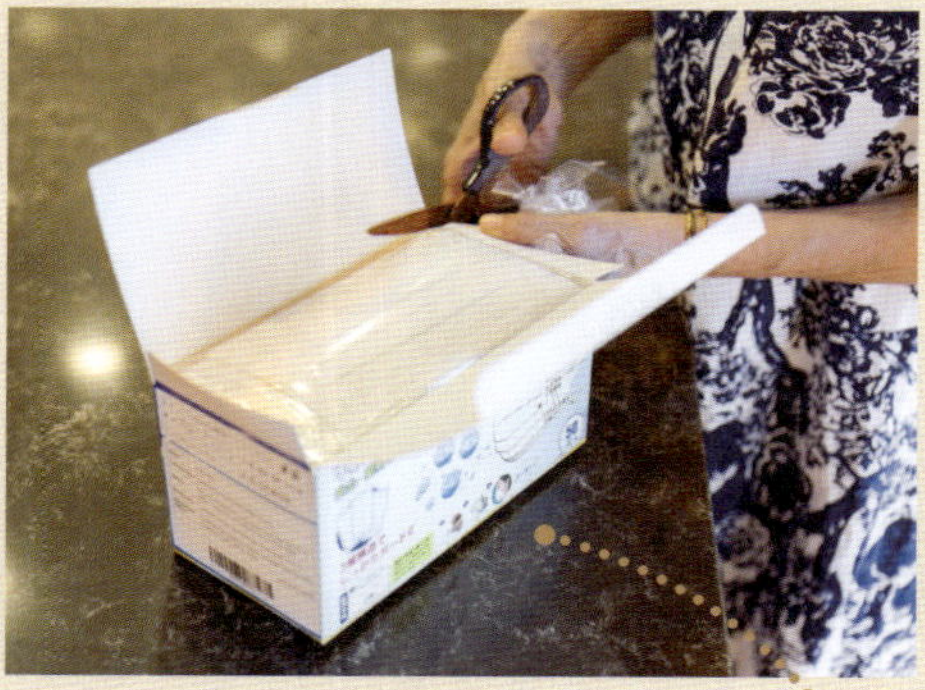

マスクの箱のフタ、邪魔じゃない？

箱のフタを開けて、中のビニールからマスクを1枚取り出して、またフタを閉めるって意外と面倒。アクションを最小に。

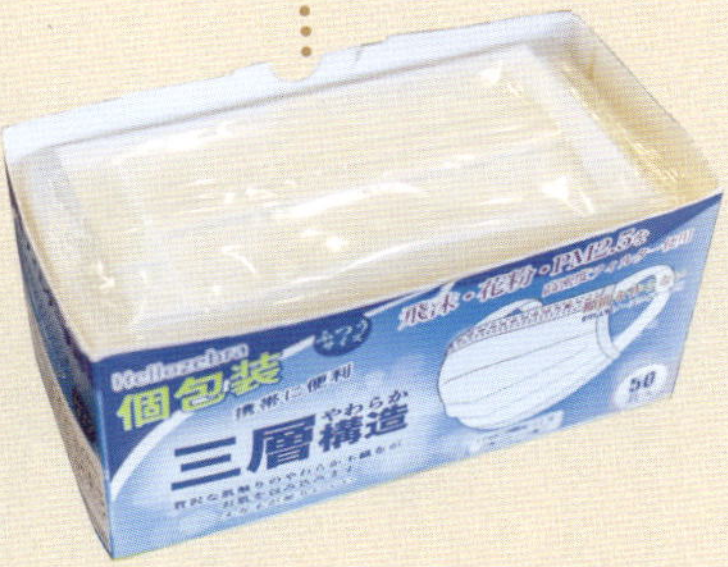

こうすれば、ワンアクション

あらかじめフタをハサミで切り取ってしまえば、マスクを取り出すのにワンアクション。見た目もスッキリ。

ワンちゃんのトイレもワンアクション

50枚、100枚入りの袋で購入したペットシーツは、1枚ずつ取り出して紙袋に保管。使いたいときに、使いやすく。

やましたひでこの
クローゼット公開！

「今日、着たい服」がゆったり出番を待つ楽屋がココ。
「着たくない服」はもちろんのこと、
「まだ着られる服」も断捨離候補です。

Tシャツもバッグもハンガー掛け
ハンガーで浴室乾燥した洋服はそのままクローゼットへ。バッグも風通しのいいココで心地よく保管。

南国風の服が増えていく
洋服は気分で選ぶもの。そして今の「旬」は……？気づけば沖縄らしさ満開のラインナップ。

限られたスペースで「総量規制」
クローゼットの「空間の制限」で洋服の数は決まります。ピンクゴールドのハンガーは「間」を大切に。

好みの色が並ぶ
じゅんちゃんのクローゼット

マメに洗濯する夫・じゅんちゃんは、
洋服も下着も少ない数でローテーション。
人柄も垣間見えるクローゼット公開！

ハンガーでカンタン家事

シャツもTシャツもハンガーで浴室乾燥→クローゼットの循環。シワがつかない、アイロンいらずのカンタン家事です。

半袖も長袖も衣替えいらず
黒、グレー、紺でほぼ統一されたラインナップ。夏服も冬服も、ベルトも愛犬散歩のバッグも仲良く並びます。

とある断捨離トレーナーさんチのビフォー&アフター

実際に引き出しの断捨離に取り組んだ断捨離トレーナー・義永直巳さんの、キッチンの引き出しの変化を見ていきます。**「1引き出し1アイテム（1テーマ）」**に近づいているの、おわかりですか。

ビフォー

いろいろごちゃごちゃ期

お玉も皮むき器も歯ブラシまで!?　1つの引き出しに「雑多」で「大量」に入っています。なくしモノ、探しモノが多かった時期。

現在

日々美しさを追求してます

マンションを全面リフォームし、引き出し空間が広がりました。「間」をたっぷりと、ディスプレイを愉しんでいます。

アフター

使いやすくなりました！

断捨離を決行！ 引き出しのテーマがはっきりし、モノが一目瞭然、スッキリしました。調理グッズの「ハラハラ置き」も実践。

この本を読み終えたあなたに
——おわりに

もしかして、あなたは、思い違いをしていたかもしれない。片づけというものを。
もしかして、あなたは、勘違いしていたのかもしれない。捨てるということを。
もしかして、あなたは、間違えていたのかもしれない。断捨離というものを。

片づけとは、しまうことではなく、捨てるとは、失ってしまうことではなく、
断捨離とは、無慈悲なことでもなく。
片づけとは、始末をつけていくことであり、捨てるとは、当たり前の営みであり、
断捨離とは、モノを蘇らせていくことなのですね。

あなたが、こんな思い違いと勘違い、そして、間違いの中にずっと住んでいたとしたら。
あなたの毎日の暮らしも、それに続く人生も、きっと、不機嫌なままに続くことに。

さあ、あなたを不機嫌へ追いやるモノたちは、すぐに始末をつけて。
そう、あなたが余計に抱え込んでいるモノたちを、さっさと捨てて。

あなたが大切に思い感じるモノたちを見つけ出し、存分に愛でていきましょうか。
そうすれば、あなたは、あなたをごきげんへと誘ってくれる空間、あなたの心地よい居場所をつくりあげていくことになるのです。

断捨離が大切にしているのは、あなた自身の気持ち。
断捨離が大事にしているのは、あなた自身の居心地。
断捨離が慈しんでいるものは、あなた自身のいのち。

さあ、さっそく断捨離を始めていきましょうか。
さて、どこから？
あらあら、言うまでもありませんよね。

引き出し

あなたのごきげんな人生は、しまいっぱなしの引き出しを、まさに、引き出すことから。
そう、たった1か所の引き出しから始まるのです。

この本を手にしてくださったあなたに、いっぱいの感謝を。
ありがとうございます。

やましたひでこ

やましたひでこ

一般財団法人断捨離®代表。学生時代に出逢ったヨガの行法哲学「断行・捨行・離行」に着想を得た「断捨離」を日常の「片付け」に落としこみ、誰もが実践可能な自己探訪のメソッドを構築。断捨離は、思考の新陳代謝をうながす発想の転換法でもある。処女作『断捨離』に続く『俯敵力』『自在力』(いずれもマガジンハウス)の三部作をはじめ、著作・監修含めた関連書籍は国内外累計700万部を超えるミリオンセラーになる。『モノが減ると心は潤う 簡単「断捨離」生活』『モノが減ると家事も減る 家事の断捨離』『モノを減らして愉快に生きる 定年後の断捨離』の「モノが減る」三部作はロングセラーに。『1日5分からの断捨離　モノが減ると、時間が増える』『モノが減ると「運」が増える　1日5分からの断捨離』もベストセラーに。監修本に『公式本　ウチ、"断捨離"しました！』(いずれも大和書房)がある。

※断捨離*は登録商標です。無断商業使用はできません。

● やましたひでこ公式HP「断捨離」日々是ごきげん 今からここからスタート
http://www.yamashitahideko.com/

● やましたひでこオフィシャルブログ「断捨離」断捨離で日々是ごきげんに生きる知恵
http://ameblo.jp/dansharibloq

● やましたひでこ断捨離®公式チャンネル
https://www.youtube.com/@vivadanshari

● やましたひでこ断捨離塾
http://123direct.jp/tracking/cr/8PzEawdw/285341/16306410

Special Thanks

大澤ゆう子

義永直巳

編集協力

門馬聖子

引《ひ》き出《だ》し

1つから始《はじ》める

1日《にち》1か所《しょ》　断捨離《だんしゃり》

2024年12月5日　第一刷発行

著　者　やましたひでこ

発行者　佐藤靖

発行所　大和《だいわ》書房

東京都文京区関口1-33-4

電話 03（3203）4511

デザイン・イラスト　モドロカ

写　真　高野大（フォトアートたかの）

編　集　藤沢陽子（大和書房）

印　刷　歩プロセス

製　本　ナショナル製本

©2024 Hideko Yamashita Printed in Japan

ISBN 978-4-479-78615-3

乱丁本、落丁本はお取り替えいたします。

http://www.daiwashobo.co.jp